高级母婴护理师岗位技能培训教材

本书编写组◎编

中国工人出版社

图书在版编目（CIP）数据

高级母婴护理师岗位技能培训教材 / 本书编写组编. —北京：中国工人出版社，2015.6

ISBN 978-7-5008-6188-1

Ⅰ. ①高… Ⅱ. ①高… Ⅲ. ① 产褥期—护理—技术培训—教材②新生儿—护理—技术培训—教材 Ⅳ. ①R473.71②R473.72

中国版本图书馆CIP数据核字（2015）第135910号

高级母婴护理师岗位技能培训教材

出 版 人	李庆堂
责任编辑	李素素
责任校对	赵贵芬
责任印制	栾征宇
出版发行	中国工人出版社
地　　址	北京市东城区鼓楼外大街45号 邮编：100120
网　　址	http://www.wp-china.com
电　　话	（010）82028719（总编室）（010）62005039（出版物流部） （010）62382916（职工教育分社）
发行热线	（010）62005996 （010）82075964（传真）
经　　销	各地书店
印　　刷	北京市密东印刷有限公司
开　　本	710毫米×1000毫米 1/16
印　　张	13.5
字　　数	190千字
版　　次	2015年7月第1版 2017年7月第2次印刷
定　　价	32.00元

本书编委会

序　言

党的十八大以来，党中央、国务院坚持以保障和改善民生为重点，着力解决好人民群众最关心最直接最现实的利益问题，把促进就业放在经济社会发展的优先位置，着力攻坚克难，基本民生保障安全网正不断织就织密。

随着国民经济的发展和人民生活水平的提高，家庭、个人对生活品质的要求愈来愈高。社会的进步带来的是社会生产的专业化和社会分工的细化。家务劳动从家庭走向社会，从自我服务走向市场服务是一种发展趋势。然而，作为一个新兴的产业，我国的家庭服务业还处在起步阶段，观念的落后、制度的缺失、监管的不力和运作的失范，让人们不禁慨叹：家庭服务在充分展示其独特的人文关怀的同时，似乎还缺少些什么。

全国现在有大量的剩余劳动力，却仍难以满足市场需求。城市下岗女工面临着再就业难的问题，农村剩余劳动力中的一部分妇女有意愿从事家庭服务行业，但由于就业意愿、文化素质以及旧有观念等方面的原因，家庭服务行业并非她们理想的行业。同时，家庭服务行业缺乏统一规范的管理和良性的经营环境，自我约束机制尚未建立，也在一定程度上影响了行业的良性有序发展。因此，家庭服务行业出现了“有人没事做、有事没人做”和“想做的人做不了，能做的人不愿做”的供需缺位的局面。劳动力市场与人才供求之间的断层，亟需家庭服务从业人员提高技能素质。

为此，我们在众多行业专家的支持和协助下，策划推出了这本《高级母婴护理师岗位技能培训教材》。我们希望利用这本教材培训出更多更专业的家庭服务从业人员，以便为更多家庭带来更优质的服务，推动家庭服务行业的专业有序发展。

目 录

第一部分 母婴护理师岗位认知

第二部分　产妇护理

第三部分　新生儿护理

第一部分

母婴护理师岗位认知

母婴护理师岗位概述

- ▶职业由来
- ▶行业现状
- ▶发展阶段与前景

母婴护理师岗位要求

- ▶岗位职责
- ▶从业条件及职业道德
- ▶岗前准备
- ▶职业礼仪

第一章　母婴护理师岗位概述

母婴护理师的通俗叫法是“月嫂”，这一职业需求量较大、收入较高、从业人员素质参差不齐，大众甚至从业者本身对它的认识都存在一定的误区。实际上，母婴护理是家庭服务的一种，以产妇照料和新生儿护理为主要工作内容。

第一节　母婴护理师的职业由来

随着社会的发展及客户需求的变化，家政行业专业化分工越来越明显，服务细分进一步突出。一种专门以护理产妇和新生儿为主的家庭服务项目——家庭母婴护理渐渐成型。经过一段时期的行业发展，家庭母婴护理已经成为很多30~50岁年龄段女性热捧的职业，她们的收入水平远远高于普通家政从业人员。在人社部的职业分类中，她们被称为母婴护理师。

一、市场发展的需要

一个行业的产生首先是市场需求使然，供有所需，当供求两方形成一定的规模，资源流通得以稳定进行，这个行业的生存与发展也就有了根基。“月嫂”行业的产生也有其内在的原因。进入21世纪，80后、90后成为社会的消费主体，相对于老一辈人，他们的生活条件优越，对生活品质要求也高，对家庭服务也有着更高的要求。

1. 对高品质服务的渴求

80后、90后是时尚的一代，也是文化层次较高的一代，身为准父母的他们都希望自己的孩子能够赢在起跑线上，老一辈传统的育儿观念和坐月子的理念已经远远满足不了他们的要求。现代父母对孕妇、婴儿健康的要求，已经开始由简单的物质供应、传统的生理呵护，转向更注意心理的调适、心灵的沟通及科学育儿文化的熏陶，以及多功能、多样化的产品，高品质的服务和专业指导。

2. 消费观念的转变

80 后、90 后群体的消费观念超前，成为父母后，他们对自己在月子期间身体的恢复，以及婴儿的健康、茁壮成长也更为关注。在这一阶段，婴儿的护理以及产妇身体和心理的调理已成为年轻父母关注的重点。

3. 其他社会因素

由于 80 后、90 后的成长环境较为优越，相对缺乏育儿经验。加之来自社会、工作、生活的压力增加，结婚生育的年龄也在不断拖后，使得他们的父母升级为爷爷、奶奶、姥姥、姥爷的年龄较大，身体状况不佳，难以承担起照顾产妇和婴儿的重任。同时，老一辈人的育儿观念落后，已不适应现代社会的育儿需求。

这些因素都导致了在 80 后、90 后准爸妈对产妇和新生儿护理需求的激增。所以，对服务的更高专业性的要求，对知识技能更扩展的要求，无疑对母婴护理师是一种挑战。

二、中国的古老习俗使然

坐月子习俗，最早可以追溯至西汉《礼记内则》，距今已有两千多年的历史，称之“月内”，是产后必须的仪式性行为，以协助产妇顺利度过人生转折。婴儿的出生让产妇的身体和生活发生了重大的改变，从人妻到人母、从外人到家人，坐月子的仪式促使产妇进入新的角色，产妇可以借此机会调养身体，消除长期以来的积劳。

从国内来看，现代社会“月嫂”一职，起源于珠三角。30 年前珠三角作为中国的改革开放前沿，经济发达，再加上靠近香港，长期受香港家政服务文化消费的引导，从而产生了“月嫂”的需求。这是一种专业护理产妇与新生儿的新兴职业。

三、现代西方医学的影响

西方医学也很重视妇女产后阶段的调养，称为“产褥期”，医学教科书明确规定：产褥期是指胎儿、胎盘娩出后的产妇身体、生殖器官和心理方面调适复原的一段时期，一般需6~8周，也就是42~56天。在这段时间内，产妇应该以休息为主，尤其是产后15天内应以卧床休息为主，以促进全身各系统尤其是生殖器官的尽早恢复。

无论是产褥期或坐月子，都意味着产妇要好好调养身体，促使身体各项机能尽早恢复。作为这一时期专门为产妇提供服务的母婴护理师，她们的工作就显得尤为重要。

第二节　母婴护理行业的现状

近年来，随着市民家庭收入的快速提升和现代生活节奏的加快，市民对家庭服务市场的需求量逐年增长，家庭服务业已成为具有改善居民生活、拓宽就业岗位的朝阳新领域。另外，80后、90后生育高峰的到来以及国家生育政策的松动，也进一步刺激了母婴护理行业的繁荣发展。但当前家庭服务业就其市场需求、服务质量、收费标准、就业体制、行业信誉等方面还存在着很多问题。

一、母婴护理行业存在的问题

1. 市场需求：供不应求

许多家庭实际上已有条件聘用专业母婴护理师，但由于目前市场选择余地小，难以找到合适人选，又没有客观衡量标准和担保机制，故不得已放弃使用母婴护理师。如社会能够提供较好的资源，就可以挖掘出更多需求。

2. 服务质量：缺乏标准和监管

没有统一的监督机制和管理规范条例，服务上很难达到统一标准。另外，母婴护理从业人员主要由下岗女工或农村女性组成，年龄均在 35~50 岁，所接受的家庭服务技能知识培训有限，大多不经培训就直接上岗，缺乏应具备的专业素质。

3. 收费标准：价格混乱

目前，母婴护理行业的收费标准不统一，主要由相关公司自行定价或从业人员与客户商订，价格浮动较大。另外，为了保证自身利益的最大化，家政公司对于市场公开的价格往往虚高，让一些接受服务的家庭觉得付出的薪酬与获得的服务质量不相符。

4. 就业体制：难以管理

因家政服务属外派服务，企业难以做到员工制管理，这在很大程度上增加了管理的难度。另外，一些用人家庭贪图便宜或从业人员为了获取更多利益，双方私自达成服务协议，导致双方纠纷争议难以处理，甚至出现一些工作期间的伤害、致残、死亡等问题，致使供求双方权益受损，同时也阻碍了行业的健康有序发展。

二、从业人员现状

由于一些主客观方面的原因，母婴护理行业在发展过程中不可避免地产生了一些问题。一边是越来越严格的市场要求，一边是相对较低的综合服务能力。所以，通过专业培训提升专业能力，是提高服务质量、服务技能的必经之路。母婴护理师属于技能型人才，所以学习必须以技能实操为主，兼顾理论培训。当前，从事母婴护理师的人群主要呈现出以下特点：

1. 整体素质偏低

从业人员主要来源于下岗职工和农村剩余劳动力，这些人员普遍存在年龄偏大、受教育程度不高、专业技能欠缺的问题。目前北京市有母婴护理公司将近千家，从事母婴护理服务的人员中外省市人员占 95%以上，经调查其中初中学历的占 72%，高中学历的占 24%，大专及以上学历的只占 4%。

2. 专业素质和技能缺乏

目前母婴护理行业尚处于起步阶段，从业人员专业素质良莠不齐，很多人对这个行业缺乏正确的认识，认为该行业就是简单地“伺候月子”，即洗衣、做饭、喂孩子。导致从业人员不关注专业培训和继续学习，只是为了拿到从业证书而草草应付培训。

3. 心理素质、人际关系处理能力有待提高

从事母婴护理行业与进企业工作不同，从业人员需要直接为用户家庭成员提供服务，主要是与人打交道。不同雇主的性格脾气各有不同，这就要求从业人员要有很强的适应性和应变能力，如果应变能力差，处理不好与雇主的关系就无法顺利开展工作。

4. 职业道德有待强化

由于市场需求缺口大，行业门槛低，导致从业人员队伍不稳定，少数从业人员职业道德缺失，导致了雇主与从业人员之间的不信任、不尊重。雇主普遍担心自己的家庭财产安全和人身安全，给整个行业造成很大的负面影响。

5. 缺乏法律与社会保障

从全国范围来看，对于家政行业的相关规定还不够明确。至今仍没有一部专门的法律对家政从业人员的权利义务等作出明确规定。目前，大部分家政公司采用的是“中介制”经营模式，在这类公司，家庭服务员无法享受国家关于最低工资标准、劳动保护、休息休假、社会保险、医疗保险、养老保险、意外保险等的规定，合法权益难以得到维护。这使许多人不把这一行业作为自己的终身职业，而大多是作为一个跳板或是暂时谋生的手段。

6. 社会地位不高

由于职业的特殊性，目前人们对家庭母婴护理师的社会地位认同感还很低。权威媒体的调查表明，不少人还没有摆脱旧的“保姆”的观念的影响。由于受“侍候人”“低人一等”等旧观念的影响，使得一些文化程度较高的人员不愿意从事这一行业。

第三节　母婴护理行业发展阶段与前景

一、行业发展阶段

随着经济的发展和社会的进步，人们在生活水平提高的同时，对社会服务的需求也不断提高。尤其是大中城市，对于母婴护理服务产生了更加多样化的需求。这也催生了母婴护理服务业的从无到有再到职业化的发展，从最初的个人雇佣形式逐渐演变为一种正式的职业。具体可以分为以下三个阶段：

1. 个人雇佣阶段

我国母婴护理行业的萌芽阶段是20世纪80年代末90年代初。这个阶段的母婴护理从业者都是民间自发的转介绍或者到劳务市场去寻找需要的工作人员，俗称“保姆”或“阿姨”，服务质量完全靠从业人员根据客户需要自由掌握。这一阶段的母婴护理服务还没有成为一个行业。

2. 劳务中介阶段

20世纪90年代末，北京有了第一家以中介的形式为客户提供家庭服务的公司，服务内容限于做日常家务和照顾孩子，公司并不为员工提供相关培训。这类公司的出现标志着母婴护理服务已经逐渐发展成为一个行业。在这一阶段，越来越多的人开始了解母婴护理服务行业，而相关的家政服务公司的数量也在这一时期大量增加，家政市场也开始变得繁荣起来。

3. 产业化阶段

母婴护理行业的真正发展与扩张是在21世纪初，因为各地家政公司层出不穷，家政公司内部也开始改革，更加注重提供专业以及特色的服务，致力于打造公司品牌。一些以专业母婴护理为主要服务项目的专业性家政公司也在这一时期应运而生，渐渐成为家政行业的领军者。

二、行业发展前景

社会越发展，人们的需求就会越高，就越需要完善的家庭服务业。有专家分析认为，随着社会分工的细化、城市家庭结构的小型化、人口的老龄化和生活的现代化，人们对包括母婴护理、家务、照顾孩子老人等方面提出越来越多、越来越高的要求。

2012 年 12 月 1 日，国务院在印发的《服务业发展“十二五”规划》中提出，大力发展家庭服务业的政策措施，要求加强就业服务和职业技能培训，切实维护家庭服务从业人员合法权益，规范家政服务机构、家庭和家庭服务员之间的权利义务关系，加大财税等政策扶持力度。今后我国还将不断完善家庭服务业的产业政策和法规体系，以促进家庭服务业的健康发展。

目前，孕婴幼等相关人群的服务业在中国出现仅有短短数年的时间，市场尚处于初步发展阶段，行业竞争逐渐增多，市场格局仍处在调整完善中。新生儿父母的育儿观念和要求对科学育儿服务行业本身来讲，是一种无形的挑战，但也是一种潜在的商机。将产品、文化和服务作为一个整体来导入市场，将是未来科学母婴护理服务行业发展的方向。

母婴服务需求的增加也必然会带动周边产品以及电子商务平台的发展。电子商务是一个朝阳行业，母婴护理行业也随着中国不断发展的经济需求正在蓬勃发展，这两者的结合无疑将会有一个很好的发展前景。

本章练习

1. 当前，母婴护理行业存在哪些问题？
2. 简述母婴护理从业人员现状。
3. 母婴护理行业的未来发展前景如何？

第二章　母婴护理师岗位要求

相对于普通家庭服务员，母婴护理师肩负着护理新生命与产妇安全健康的重任，要求具备更多的专业知识和经验。通常情况下，母婴护理师应协助产妇做好产后康复和婴儿护理，并利用自身优势和专业知识指导产妇尽快适应产妇的角色。

第一节　母婴护理师岗位职责

母婴护理师的岗位职责主要是对产妇和新生儿全天24小时的家庭护理照料。通常一个合同周期为连续的26天，合同期满后，双方可根据具体需要决定是否继续签订服务合同。服务内容主要包含以下两个方面：

一、产妇护理

(一) 生活护理

生活护理包括居室环境清洁和护理产妇。

1. 居室环境清洁

产妇产褥期休养的居家环境很重要，产妇能否吃好、睡好，产妇与新生儿身体是否健康都与环境有着密切的关系。

由于产妇产后的体质和抵抗力都比较低，所以居室环境需要保温、舒适。当产妇回到家中后，一定要保持房间温度、湿度适宜。居室采光要明暗适中，可以使用多重窗帘等遮挡物随时调节采光。

产妇和新生儿的主要活动场所是居室内，做好清洁卫生是防病保健的重要方法。产妇回家之前的两三天，应将其居室提前消毒，打扫干净。

房间要注意通风，即使是冬季，房间也要定时开窗换气。开窗换气时，产妇和婴儿可以先去其他房间休息，避免直接吹风。保持卫生间的清洁卫生，以免污染室内空气。居室要通风效果好，不要接近厨房等多油烟的房间，禁止吸烟。

保持室内安静，避免过多亲友入室探望或过多的人来回走动，以免造成空气污染、噪声过大，影响产妇和婴儿休息。

2. 产妇照顾

产妇汗腺功能活跃，产后会排出大量汗液，以夜间睡眠和初醒时更明显，称为产褥汗。这是因为怀孕时，为了供应胎儿生理需要，孕妇血容量比孕前增加 30%~45%。怀孕时增加的部分水分，产后主要以尿的形式排放，出汗也是重要排出途径。所以，产妇多汗并非完全是身体虚弱，也是一种正常的生理现象。

同时，由于产妇分娩时非常耗损体力、出血多，气血、筋骨都很虚弱，这时候很容易感受风寒湿邪。因此，产妇的身体清洁时就要格外注意避外邪，时间不宜过长，需有人在旁协助。

（二）专业护理

专业护理包括产褥期观察、护理，产后心理指导，协助母乳喂养、乳房保健护理。

1. 身体护理

生产后，产妇除乳房外的身体各部位要在产褥期内（42 天）迅速恢复到怀孕前的状态，需要科学、专业的护理才能得以实现。首先，母婴护理师要具备产妇的身体特点知识，这是实现专业护理的保障。其次，还要熟知产后便秘、产后尿潴留、恶露等一些产后常见现象产生的原因、预防措施及护理方法。再次，母婴护理师还要掌握顺产侧切伤口、剖宫产刀口感染的预防及护理方法。

2. 心理指导

产妇在产前、产后，因职业、年龄、文化、经济状况、生育经历、家庭关系等的不同，所产生的心理变化也不尽相同。早产、难产、产程延长、顺产、剖宫产术后的剧烈疼痛，产后身体状况、胎儿的发育、泌乳情况，都会对产妇的心理造成一定的影响。做好产后的心理护理工作，对解决产妇的心理障碍具有重要的意义。

3. 母乳喂养指导及乳房护理

专业的母乳喂养指导对促进初产妇泌乳和母乳成功喂养有很重要的作用。临床通过对100例初产妇实施护理干预，进行专业母乳喂养指导，并观察其开始泌乳时间、泌乳量和成功喂养率，得出结论：专业母乳喂养指导可以促进初产妇早期泌乳，提高泌乳量和喂养成功率。

（三）健康指导

协助产妇做产褥操，帮助产妇恢复健康。产后健身操有利于妇女产后康复，可减少诸多如子宫复旧不良、张力性尿失禁、膀胱膨出、腰骶痛等并发症的发生，体重的恢复亦明显优于没有进行产后健身操的产妇。

（四）日常服务

日常服务包括产妇和婴儿衣物清洗、产妇和婴儿个人卫生护理，以及产妇营养餐制作。月子餐的合理搭配对于产妇的健康恢复是非常关键的。合理搭配要求既要保证营养，又不能因热量过剩而导致肥胖，若是搭配不得当，体重暴涨，以后减肥就会非常困难。

二、新生儿护理

（一）生活护理

生活护理包括科学哺乳、喂养、穿衣、换洗尿布、衣物清洗、物品消毒。

1. 新生儿居室环境

保持室内空气的流通，适当的通风非常重要。新生儿生活的房间一定要清洁和安静，适当的湿度也非常重要，如果空气干燥，可以使用加湿器提高居室湿度。新生儿的抵抗力相对较弱，不应让过多的人探望，以免增加感染疾病的风险。

2. 新生儿喂养

（1）母乳喂养。

母乳是最适合新生儿的食物。新生儿母乳喂养过程中，训练婴儿正确的乳头含接动作，观察奶量是否充足等都是母乳喂养过程中必须关注的问题。

（2）人工喂养。

使用代乳品喂养新生儿的做法叫作人工喂养。配方奶粉因使用科学方法改良牛奶或羊奶，使其最大限度地接近母乳的营养成分，让新生儿更容易消化吸收。

（3）混合喂养。

混合喂养是在母乳不充足或某些特定原因时，产妇无法完全母乳喂养，给新生儿添加部分配方奶粉进行喂养的方式。混合喂养时，每一种配方奶粉的冲调方式、冲调奶粉的水温及冲调比例都有特定要求，不能随意改动，以免影响新生儿的消化吸收。

3. 新生儿衣物穿脱及清洗

新生儿颈部肌肉、关节韧带发育还未完善，在穿脱衣物时应注意不要过度拉伸，以免对新生儿造成损伤及关节脱臼。

新生儿的肌肤娇嫩，对外界刺激非常敏感，新生儿的衣物要使用纯棉材质，清洗衣物应使用天然、安全的洗涤剂，并保证衣物的干燥清洁。

（二）专业护理

专业护理包括新生儿洗澡、抚触、被动操、按摩、体温测量、大小便观察、五官护理、脐臀护理、黄疸观察等。

1. 新生儿洗澡、抚触

（1）新生儿洗澡。

洗澡是新生儿皮肤护理中一个简单、方便、有效的方法，洗澡能清洁皮肤、维护皮肤的健康。温水澡能溶解皮脂、松弛皮肤、扩张皮肤毛细血管、促进代谢物的排出。新生儿皮肤娇嫩，受到轻微的外力就可能会引起损伤，而其皮肤的防御功能不够完善，表面经常分泌皮脂、汗液、皮屑，一旦护理不当，很容易引起细菌感染，因此，新生儿应该经常洗澡。

（2）新生儿抚触。

人类对于人体互相之间的接触和抚摸的需求，是一种特殊的需要，尤其对婴幼儿来说，这种需求显得尤为强烈，医学上称为“皮肤饥饿”。心理学研究表明，绝大多数心理健康的成人，在幼年时与父母接触很多，关系密切；极少数心理异常的成人，在幼年时都与父母接触甚少，关系疏远。

抚触有利于新生儿的生长发育，增加免疫力，促进食物的吸收和利用，减少新生儿哭闹，增加睡眠，促进新生儿健康成长，同时能增进父母与新生儿之间的感情交流，为新生儿的成长营造一种温馨氛围，有益于新生儿的心理健康。

2. 新生儿五官、脐臀护理

（1）新生儿五官护理。

眼睛：新生儿的眼睛非常脆弱，如果不注意护理，容易因为感染而发生眼病。医生会给刚出生的新生儿点眼药，防止产道过程中的感染，一般持续 1~3 天。如果回家以后没有分泌物可不再用，但是每天早上要用干净的小毛巾，蘸温水从眼角内侧到外侧为新生儿擦拭眼睛。

鼻腔：新生儿的鼻腔还没有完全发育，特别容易发生鼻塞，因此鼻腔护理很有必要。可以用棉签蘸温水，洇湿鼻痂，跟鼻痂接触以后水会自动导入鼻痂内，再轻轻地交替按压鼻翼，压完以后新生儿打喷嚏时鼻痂就会出来。

耳朵：新生儿的耳屎一般不多，耳部的护理重点是洗澡时避免水进到耳朵里，引发中耳炎。所以洗澡的时候，大人要用手把孩子的两只耳朵分别堵住后，再洗头、洗脸。

（2）新生儿脐部护理。

脐带是母体供给胎儿营养和胎儿排泄代谢物的必经之路。新生儿出生后，断脐处的残端会逐渐干枯变细，一段时间后就会自然脱落。新生儿出生后，剪断的脐带处会存在一个创口，需要做好额外的护理。护理好脐部，可以有效地防止脐炎的出现。

（3）新生儿臀部护理。

新生儿皮肤娇嫩，应尽量使臀部保持干燥，勤换尿裤，常擦洗，避免尿布疹的出现。

3. 新生儿黄疸观察

医学上把未满月（出生 28 天内）新生儿的黄疸，称为新生儿黄疸。新生儿黄疸是指新生儿时期，由于胆红素代谢异常，引起血中胆红素水平升高，而出现以皮肤、黏膜及巩膜黄疸为特征的病症，此症有生理性和病理性之分。生理性黄疸在出生后 2~3 天出现，4~6 天达到高峰，7~10 天消退，早产儿持续时间较长，除有轻微食欲不振外，无其他临床症状。

出生后 24 小时即出现黄疸，2~3 周仍不退，甚至继续加深加重或消退后重复出现或出生后一周至数周内才开始出现黄疸，均为病理性黄疸。如发现有病理性黄疸的迹象，应及时送医院诊治。

新生儿黄疸护理要注意，早期时尽早给新生儿喂养，以便胎便尽早排出，因为胎便里含有很多胆黄素，胎便不排干净胆黄素就会经过新生儿的肝肠循环重新吸收，使黄疸加重。

知识拓展

胎便是否排干净了呢？

新生儿的大便从黑色转变为黄色是胎便排干净的标志。在这一过程中，应该给新生儿充足的水分。判断新生儿液体摄入是否充足的办法是看他的小便，一般正常的新生儿一天的小便次数为 6~8 次，如果次数不足，有可能是液体摄入量不足。小便过少不利于胆黄素的排泄，故应当保证新生儿的液体摄入，一般新生儿的胎便应当 2~3 天即可排完。

（三）潜能开发

1. 新生儿智力开发的形式

新生儿（0~30 天的婴儿）的学习方式主要有两种，一种是习惯形成，还有一种是条件反射。

（1）习惯形成。

白天可以陪新生儿玩一些有趣的游戏，这样可以帮助其建立白天少睡晚上多睡的作息规律，让新生儿听着摇篮曲入睡也是一种让婴儿养成好习惯的方法。

（2）条件反射。

可以通过逗新生儿笑、常和新生儿说话，锻炼其作出回应的能力。

2. 新生儿的运动

运动技能的形成，是身体和大脑协调的结果。新生儿的各种有意识的活动都能促进大脑的发育。对于新生儿来说，学会用颈部支撑头部和抬头是一项很了不起的运动。

（1）竖抱婴儿。

新爸爸、产妇可以每天轮流抱着新生儿，让新生儿看看窗外的景色和房间的饰物。抱的时候应用左手抱新生儿的臀部，右手托着新生儿的枕部，这样可以锻炼婴儿颈部肌肉。

（2）俯卧抬头。

新生儿第 7~10 天就可以自己转动头部了，可以让新生儿俯卧在床上，在他面前放个玩具引导其练习抬头。练习俯卧抬头一定要有大人看护，吃奶后不宜俯卧练习。

（3）踢打响球。

把一个会响的球放在新生儿的床尾，他无意中踢到球时会发出响声，响声又会诱导他重复踢，这样可以促进其肢体锻炼。但不宜给新生儿穿太多的衣服或是包得过紧，以免妨碍其锻炼。

（4）手的技巧。

手的熟练运用是人类智慧的独特表现，根据新生儿生长发育的规律及时给予适当的训练，不仅能使新生儿的小手灵活，同时还能促进其大脑的发育。

①让新生儿伸开手掌。有些婴儿总喜欢握着拳头，产妇可以用手指轻柔地从新生儿的掌指关节向腕关节按摩，让新生儿渐渐伸开手掌，学会抓东西。

②让新生儿推开东西。可以把柔软的玩具放在新生儿小床一侧，把玩具轻轻推到新生儿手边，新生儿会用手用力推开。

（5）识物能力。

通过给新生儿看黑白卡片、奶瓶图、红球以及其他色彩鲜艳的玩具培养其视觉能力。新生儿会追随眼前 20 厘米范围内移动的物品看，这是综合视觉、听觉和注意的结果，是学习的良好开端。

（6）听声转头。

新生儿在睡醒时，听到任何声音都会转头观看，成人可以用会发声的玩具来练习其听声转头的能力。

3. 语言的锻炼

（1）和新生儿说话。

大人和新生儿说话的时候，新生儿会观察大人的口型，小嘴也会一张一合地想学说话，这是和大人的无声交流。

（2）新生儿自己发音。

当新生儿啼哭时，大人呼应地发出相似的声音，新生儿会停止啼哭来倾听，过一会儿再次发出啼哭的声音。大约在 20 天后，新生儿会发出“啊咕，啊咕”的声音来自娱。

4. 和新生儿互动

（1）逗新生儿笑。

新生儿在 2~3 周时，会在大人逗笑时微笑。新生儿用笑来回应是有意的，是一种经过学习作出回答的条件反射。“逗笑”出现得越早，常常意味着新生儿越聪明。

（2）口唇模仿游戏。

大人抱起新生儿，同他做口唇游戏，如张嘴、伸舌等动作，新生儿会有意识地模仿大人的动作。

第二节　从业条件及职业道德

一、从业条件

由于母婴护理师的服务对象是产妇和新生儿，特定的服务对象对从业人员就会有一些特定的要求。

1. 年龄适宜

由于母婴护理师的对象主要是产妇，而且服务期间要对产妇进行生理性护理，因而该工作岗位比较适宜女性来承担。同时，她们在服务期间还要照料新生儿，这就要求其要有照顾新生儿的经历和经验，这可以给产妇及其家属以信任感。另外，有育儿经验，对孩子也会更容易萌发爱心。

母婴护理师的年龄在30~50岁比较合适。年龄太小，或正处在哺育自己的孩子阶段，时间与精力达不到服务要求；年龄太大，不但体力跟不上，还会给客户和企业增加不必要的风险。

2. 初中及以上的文化程度

家庭母婴护理服务不是一种简单的体力劳动，还涉及医学、营养学、心理学和教育学等专业性知识。家庭母婴护理师在上岗之前要接受一系列专业理论知识与实践技能培训，如果没有一定的文化基础，对相关知识的理解、掌握和消化就会有难度。所以，必要的文化程度是不可缺少的。

3. 身体健康

产妇和新生儿都处在生理机能比较脆弱的时期，对疾病的抵御能力比较差，因而对身边近距离接触的人的健康要求更高，患有精神性疾病的人不适宜从事母婴护理工作。家庭母婴护理师要承担繁重的体力劳动，强健的体魄更为重要，体力不支将无法胜任该项工作。

4. 与人为善

母婴护理师是直接对人提供服务，首要前提就是与人为善，这需要不断提高自己的语言表达能力，学会与家庭成员友好相处，以诚相待，善于与他人协作完成任务，以取得他人的信赖和配合。学会拉近彼此的心理距离，善于运用面部表情。良好的面部表情可以使人身心愉悦，有利于产妇康复和新生儿早期教育。

5. 背景清白

“月嫂”提供的是一种入户服务，所以客户大都会对安全问题有所顾虑。因此，家政服务公司要落实从业人员的身份，确保其无犯罪前科，无品行不规史。母婴护理师应提供真实准确的身份证明材料，包括身份证原件及复印件，户口所在地证明材料，说明家庭情况，婚姻状况等。

二、职业道德

职业道德是指从事一定职业的人们，在其特定的工作或劳动中所应遵循的带有职业特点的道德规范的总和。对于母婴护理这一职业，其基本职业道德要求有以下几个方面。

（1）遵守法律、法规、社会公德及规章制度。

（2）爱岗敬业，尽职尽责，有强烈的责任感，能有条不紊地做好本职工作，设身处地地为客户着想，积极为其排忧解难。

（3）用主动、热情、耐心、周到的服务，维护自己和公司的良好形象。

（4）尊重客户的生活习惯，不动用客户的贵重物品，不打听和泄露客户的隐私。

（5）保持良好的生活及卫生习惯，不断学习专业知识，养成良好的职业习惯。

第三节　母婴护理师岗前准备

母婴护理师在提供服务（入院或上户）前，应该做好相关准备工作，以职业干练的形象出现在客户面前。

一、母婴护理师的职业形象

1. 形象得体

（1）头发梳妆整齐，勤洗头，衣物上应无落发和头屑。

（2）面容干净，口无异味，精神饱满。

2. 卫生良好

（1）衣着得体、干净、平整。

（2）鞋无灰尘、袜无味。

（3）指甲修剪适度，双手清洁润滑。

3. 穿戴适宜

（1）不佩戴任何首饰及配饰。

（2）不带过多现金。

4. 举止有度

（1）行为举止落落大方。

（2）待人接物礼貌周到。

二、个人用品准备

1. 洗漱用品

（1）牙刷、牙杯及必要的化妆品（面霜、手霜）等。

（2）梳子及皮筋（如中长发必须束起不能披散）。

2. 生活用品

（1）水杯、饭盒、勺筷。

（2）纯棉的家居工作装 2 套及换洗衣物。

3. 工作用品

（1）笔、笔记本。

（2）第二代身份证、健康证、母婴护理师资格证书等。

三、心态准备

母婴护理是个新兴的职业，从业人员来自五湖四海，常有着不同的思维方式和行为方式。从事这个行业就要善于调整自己的心态，要有较强的服务意识，做到干一行、爱一行、专一行。

1. 归零心

调适自己的心态，无论之前从事什么工作，现在都要归零，以一个母婴护理师的标准严格要求自己的一言一行。

2. 同理心

在工作中，多使用换位思考，站在客户的角度，做到理解、包容，调整好自己的心态。要有同理心，正确认识产妇不同程度的抑郁情绪。在与产妇相处的过程中，母婴护理师要表现出爱心和宽容心，不与客户争吵和对抗。

3. 自信心

要对自己所从事的职业有自豪感，明白自己的工作可能会给千家万户带来快乐，善于从工作中发现自己的价值。

4. 耐心

要有耐心，不急躁、不厌烦。母婴护理工作主要与产妇和婴儿打交道，更需要有足够的耐心。

5. 责任心

责任心是一个人做好事情的前提，遵守规范、承担责任和履行义务是从事任何行业都不可或缺的。

6. 知足心

作为母婴护理师，只要有良好的心态和健全的人格，富有包容心和爱心，有自己所热爱的事业，有关爱自己的亲人和朋友，那么每天都可以有愉悦的心情，从而坦然地面对生活和工作中的磨难和挑战，这是人生最大的财富。

四、有效沟通

成功有效的沟通，可以让客户更容易接纳自己，从而减少服务过程中的障碍。经验得知，主客之间的很多矛盾都是因为沟通不畅，所以，与客户保持良好的沟通与掌握过硬的服务技能同样重要。

与客户沟通时要注意以下几点：

1. 专业

（1）回答问题要专业，不能答非所问；说话要有条理，仔细倾听客户的诉求，给予适当的回答。

（2）应使用雅语、普通话、基本礼貌用语以及规范称呼。

2. 得体

（1）言之有理、言之有礼、言之有技，得理也要让三分。

（2）说话尽量不带口头禅，宁可说慢一点，也不要吐字不清。

3. “四有”“四避”

（1）“四有”指有分寸、有礼节、有教养、有学识。

（2）“四避”指避隐私、避浅薄、避粗鄙、避忌讳。

第四节　母婴护理师的职业礼仪

注重仪容仪表、礼节礼貌，有助于母婴护理师更好地开展工作。与人交流时保持微笑，表情和蔼可亲，也有利于更好地沟通和交流。

一、言谈礼仪

（一）言谈基本礼仪

（1）开始交谈时，首先要清楚地表明自己的身份。

（2）谈话中，对别人的谈话要积极响应。

（3）谈话时的态度应诚恳、自然大方，言语和气、亲切、得体。

（二）礼貌用语

（1）问候语。常用的问候语有“您好”“早上好”等。

（2）告别语。常用的告别语有“再见”“明天见”“一路平安”等。

（3）答谢语。常用的答谢语有“非常感谢”“劳您费心”“谢谢您的好意”“不必客气”“这是我应该做的”“我听明白了”“感谢您的提醒”“谢谢”等。

（4）请托语。常用的请托语有“请”“劳驾您让一下”“麻烦您帮我个忙”等。

（5）道歉语。常用的道歉语有“对不起，实在抱歉”“请原谅”“失礼了”“真是过意不去”“对不起，完全是我的过错”“对不起，打扰了”“请不要介意”“对不起，打断一下”等。

（6）征询语。常用的征询语有“需要帮忙吗？”“我能为您做些什么吗？”“您有什么事吗？”“这样会打扰您吗？”“您有什么需要吗？”等。说话态度要真诚，语气柔和，让对方感到你的体贴、关心。

（7）慰问语。常用的慰问语有“您辛苦了”“让您受累了”“您快休息会儿吧”“请好好休息”等。

（8）祝贺语。常用的祝贺语有“恭喜您”等。

二、仪表仪态礼仪

（一）仪表

仪表是指人的外表，包括仪容、服饰、姿态、个人卫生等方面。作为一名合格的母婴护理师，要关注自己的整体仪表。具体要求是：

1. 容貌端正

（1）讲究个人卫生，面部洁净、发型适宜，大方得体。

（2）常梳洗头发，没有头皮屑，不使用有浓烈气味的发乳及香水。

2. 着装得体

（1）不可浓妆艳抹，需要时可化淡妆，不涂指甲油，不佩戴华贵的饰物。

（2）不穿过分暴露、紧身和艳丽的衣服。

（二）仪态

仪态是指人在行为上的姿势、气度和风度。姿势是指身体所呈现的样子，而气质、风度则属于内在涵养。在交往活动中，要站有站相，坐有坐相，举止端庄稳重，落落大方。

1. 站姿

站立应挺直、舒展，给人一种端正、庄重的感觉，不要歪脖、扭腰、屈腿，尤其是不要蹶臀、挺腹。

2. 坐姿

入座时动作应轻而缓，不可随意拖拉椅凳，身体不要前后左右摆动，不要跷二郎腿、抖腿。应并膝或小腿交叉端坐，两腿并拢。

3. 走姿

与客户或长者一起行走时，应让客户或长者走在前面；并排而行时，应让他们走在里侧。不要将双手插入裤袋或倒背着手走路。

4. 目光

目光要温和，忌歪目斜视。

5. 手势

手势是人们交往时最有表现力的一种“体态语言”，合理地运用手势来表情达意，会为形象增辉。

（1）应该避免的错误手势：

①在工作中，用手指对着别人。

②随便向对方摆手，会给人拒绝或不耐烦之感。

③端起双臂会给人傲慢无礼的感觉。

（2）应该避免的不良动作习惯：

①反复摆弄自己的手指，给人漫不经心的感觉。

②手插口袋，给人心不在焉的感觉。

③当众搔头、挖耳鼻、剔牙、抓痒、搓泥、抠脚等，都是极不文雅的动作。

三、在客户家应注意的礼节

(一) 基本礼貌

母婴护理师在客户家服务时应注意以下礼貌礼仪：

(1) 客人来到时，要主动为客人让座、提物、准备拖鞋，并热情为客人沏茶（茶水七分满）；客人离去时，要主动为客人开门欢送。

(2) 客人或客户讲话时不可插嘴、抢话，不得与客人或雇主争论，更不可强词夺理。客人与客户的谈话若有不适合自己听的内容，应注意回避。

(3) 切忌在他人或食物前咳嗽、打喷嚏，口中有异物及吐痰应去洗手间。使用洗手间时务必将门反锁以免发生误会，用过的卫生巾要用纸包起来再投进垃圾袋内，用过厕所切莫忘记冲厕及洗手。

(4) 不得穿睡衣及较暴露的衣服在客厅走动。不要在厨房、客厅梳头，吃饭时应少说话，与他人说话应保持80厘米以上的礼貌距离。

(5) 要给客户及家人更多的私人空间，客户家人在谈话、看电视时，要主动回避。

(6) 不要参与客户家庭成员的议论，不要相互传闲话，不可搬弄是非。要尊重客户的家庭隐私，客户家的任何家庭事情不得随意告诉他人。

(7) 如雇主要求自己入席就餐，必须将所有餐务工作做完方可就餐。

(8) 注意用礼貌用语，如“您好”“谢谢”“再见”“不客气”“没关系”等。

(二) 与客户相处的艺术

1. 入乡随俗

入乡随俗是指人到一个地方，就要顺从当地的习俗。这个成语常形容外乡人尊重、适应和主动融入当地风俗文化。同时以示对异乡人民生活习惯的尊重。随和的人更容易与人相处，母婴护理师应充分尊重客户习俗，尽快融入工作中。

2. 尊重隐私

尊重隐私是指不要动别人的私人物品，比如手机、包、抽屉等，不打听他人私事，比如女人的年龄、工资、婚姻生活等。母婴护理作为一种入户服务，从业人员更要树立隐私意识。从法律层面看，“依法维护隐私权”，不仅说明了侵害隐私权的具体行为表现，也明确了侵犯他人隐私权的法律后果和责任。

3. 不卑不亢

不卑不亢，形容对人的态度、言语彬彬有礼有分寸，既不低声下气，也不傲慢自大。这个词通常用来形容一个出色的外交家在外邦人面前特有的风骨，也指平常人的品格。母婴护理师为客户提供服务期间，在做好本职工作的前提下，也应捍卫自己的尊严和权利。

4. 诚实守信

诚实守信是为人之本，是中华民族的传统美德。诚实是指忠诚老实，言行一致，表里如一；守信是指说话、办事讲信用，答应了别人的事，能认真履行诺言，说到做到，诚实守信也是母婴护理师最基本的职业操守。一旦答应做到的事，就要千方百计地去做好，这样才能不失信于客户。

本章练习

1. 简述母婴护理师的岗位职责。
2. 母婴护理师的职业道德主要有哪几点？
3. 简述母婴护理师应注意的仪态礼仪。

第二部分

产妇护理

产褥期基础知识及产妇护理

- ▶产妇的生理特点
- ▶产褥期常见病症
- ▶产妇的护理要点

产褥期饮食调理

- ▶月子饮食原则
- ▶营养素的平衡
- ▶月子饮食调理
- ▶月子食谱宜与忌

母乳喂养

- ▶认识乳房
- ▶母乳喂养的方法
- ▶乳房的护理

第三章　产褥期基础知识及产妇护理

产褥期是指胎儿、胎盘娩出后，产妇身体、生殖器官和心理方面调适复原的一段时间，通常需6~8周，也就是42~56天。自胎盘娩出后，产妇便进入了产褥期。在这段时间内，产妇应该以休息为主，调养好身体，促进全身器官各系统尤其是生殖器官的尽快恢复。

第一节　产褥期产妇的生理特点

一、产褥期产妇的生理变化

(一) 生殖系统

未妊娠时子宫体积只有 7×5×3 立方厘米大小，容积仅 5 毫升，重 50 克。到胎儿足月时，子宫的体积可达 35×22×25 立方厘米，容积 5000 毫升，增加了 1000 倍；重达 1000~1200 克，是原来重量的 20 倍。在分娩后，子宫会在很大程度上恢复，但不能还原到非孕状态。

1. 子宫复旧的机制

怀孕期间，子宫增大的过程并不单是细胞数目的增多，更多的是子宫肌细胞本身的肥大。每个肌细胞由非孕时长 20 微米，宽 2 微米，至胎儿足月时长 500 微米，宽 10 微米，里面充满了“肌动蛋白”和“肌浆球蛋白”，它们有收缩作用，是促使子宫收缩娩出胎儿的主要物质。

造成子宫发生这种变化的根本原因有两点：一是内分泌激素的影响，主要是雌激素及孕激素；二是子宫腔内的压力增加，压力主要来源于胎儿、胎盘及羊水。当分娩后，宫腔压力解除了，子宫便开始恢复，即子宫复旧。复旧的过程不是肌细胞数目的减少，而是肌细胞本身体积的缩小，细胞内多余的细胞浆（一种像蛋清状的物质）被分解、代谢并排出体外。

知识拓展

当胎盘娩出后，子宫承担的妊娠作用完成了，要逐渐恢复到正常的状态。医学上称产后子宫的这种逐渐恢复的过程为“子宫复旧”。即使复旧良好的子宫，也不能完全与妊娠前一样。

胎盘娩出后，子宫底即降至脐下，12 小时后由于骨盆底肌肉的恢复，子宫底上升达脐平，以后每天下降 1~2 厘米，这期间产妇总会感到下腹部有一个“疙瘩”（即子宫），而且时软时硬，前 3 天还时有疼痛感，这处于复旧早期。在产后 10 天左右，子宫下降至盆腔内，腹部的“疙瘩”也就摸不到了。约于产后 42 天，子宫可以完成复原。每天观察子宫复旧的情况前，产妇要先排空小便，因为胀大的膀胱容易将宫体上推，影响判断的准确性。

2. 子宫内膜的再生

当胎盘被娩出后，子宫内原胎盘附着面立即缩小至原来的一半，约为手掌大小，这样可以压迫血管，使产妇出血减少直至停止。然后，创面会经历坏死、组织剥脱，子宫内膜逐渐再生。产后 3 周，子宫内膜除胎盘所在部位外均已修复完毕，而胎盘附着部位则需要大概 6 周的修复时间。

3. 子宫颈的变化

胎盘娩出后，子宫颈松软，壁薄皱起犹如袖口。宫颈有内口及外口之分，产后 1 周子宫颈内口闭合恢复至未孕状态，此时可开始外阴的“坐浴”治疗。产后 4 周时子宫颈完全恢复正常形态，但宫颈外口由圆形（未产形）变为产后的“一”字形（已产形），这是由于分娩时宫颈损伤的缘故。若产时宫颈损伤较重，也可有不规则的形状。剖宫产产妇，宫颈未受损伤，产后仍将恢复圆形。

4. 阴道及外阴的变化

阴道腔于产后逐渐缩小，阴道壁的肌肉张力也会逐渐恢复，产后 3 周阴道黏膜皱襞重现，但阴道于产褥期结束时并不能完全恢复至未孕时的状态。部分产妇分娩后可能会出现外阴轻度水肿，产后 2~3 日会自行消退。个别产妇会有较重的外阴水肿，治疗后也会很快消失。会阴部若有轻度撕裂，一般在 3 日内可愈合。会阴侧切刀口，需 4~5 天方可愈合。这期间要采取对侧卧位，以免恶露感染刀口。

5. 盆底组织的变化

盆底肌肉及筋膜在分娩时过度扩张，弹性减弱，且常伴有肌纤维部分断裂。产妇产后应注意休息、增强营养并适当地做保健操，使盆底肌肉尽早恢复到未孕状态。若盆底肌肉及其筋膜发生严重断裂造成盆底松弛，加之于产褥期过早劳动、便秘或长期咳嗽，则可导致阴道壁膨出，甚至子宫脱垂。

（二）乳房

1. 乳房的变化

产褥期产妇的乳房将继续发生一系列变化。产后 2~3 日，产妇的乳房会增大，皮肤变紧，表面静脉扩张，有时可形成硬结并使人感到疼痛。如产妇有副乳腺，副乳腺也会肿胀疼痛。由于乳房充血，影响血液及淋巴的回流，可能导致局部淋巴结肿大。严重者，乳腺管阻塞，乳汁排出不畅，形成“淤乳”，同时还可能会伴有不超过 38°的低热，称为泌乳热。不哺乳者，上述的乳房变化可在产后 1 周左右恢复正常。

2. 泌乳

产后乳腺分泌乳汁的神经体液调节系统较为复杂：随着胎盘剥离和排出，产妇体内的胎盘雌激素、孕激素水平急剧下降。产妇产后体内保持低雌激素、高催乳激素水平，乳汁开始分泌。尽管垂体催乳激素是泌乳的基础，但在以后的乳汁分泌中，乳汁的分泌在很大程度上依赖于哺乳时的吸吮刺激。

当新生儿在出生后半小时内吸吮乳头时，由乳头传来的感觉信号，经传入神经纤维抵达下丘脑，可通过抑制下丘脑多巴胺及其他催乳激素抑制因子，致使垂体催乳激素呈脉冲式释放，促进乳汁分泌。吸吮动作能反射性地引起神经垂体释放缩宫素，缩宫素使乳腺腺泡周围的肌上皮细胞收缩，增加乳腺管内压喷出乳汁。这表明吸吮喷乳是保持乳腺不断分泌的关键。不断排空乳房，也是维持乳汁分泌的一个重要条件。

（三）血液循环系统

1. 血容量增加

妊娠期增加的血容量通常于产后 2~3 周恢复至未孕状态。产褥早期（产后 72 小时内）由于子宫——胎盘循环停止以及子宫的缩复，使大量血液从子宫进入体内循环，同时由于妊娠期间子宫的压迫解除，下肢静脉血流也有所增加，以及妊娠期过多的组织间液回吸收，使血容量增加 15%~25%，血液进一步稀释，利尿作用增强，此期间心脏负担加重，心搏出量可增加 35%。正常产妇可以耐受，但对有心脏病的产妇而言，这一期间容易诱发心力衰竭。循环血量在产后 2~6 周才能逐渐恢复正常。

2. 凝血系统

产褥早期处于高凝状态，妊娠晚期血小板下降而在产褥期很快回升，血中纤维蛋白原仍处于高水平，凝血酶原和凝血活酶系统也增强，这些对防止产后出血是有利的，但产褥期高凝状态和下腔静脉血流缓慢也可成为形成血栓的因素。这种高凝状态一般可于产后 4 周恢复正常。

3. 血液系统

在产褥期，红细胞计数及血红蛋白值逐渐增多，白细胞总数仍较高，中性粒细胞增多，淋巴细胞稍减少，血小板数增多，红细胞沉降率于产后 6~12 周才能完全恢复正常。

（四）消化系统

妊娠期孕妇胃酸减少，胃动素水平较低，胃肠道平滑肌收缩力下降，使胃肠道肌张力和蠕动力均减退。产后由于产妇孕酮水平下降，胃动素水平上升，促使消化功能逐渐恢复。产妇产后的胃肠道肌张力和蠕动力以及胃酸分泌约需1~2周才能恢复正常。因此，产后数日内产妇仍然食欲欠佳，喜食汤食。此外，由于产后腹壁及盆底肌肉松弛，活动少，故容易发生便秘。

（五）泌尿系统

由于产后子宫复旧及妊娠期潴留的水分进入体内循环，故在产后1周内产妇身体血容量明显增加，肾脏利尿作用加强，尿量增多，而妊娠期发生的肾盂及输尿管扩张，约需4周才能恢复正常。在分娩过程中，膀胱受压致使黏膜水肿、充血及肌张力降低，以及会阴伤口疼痛、不习惯卧床排尿等原因，都容易导致产妇发生尿潴留。

（六）内分泌系统

脑垂体、甲状腺和肾上腺皮质于妊娠期发生的一系列改变，于产褥期逐渐恢复至未孕状态。产妇分娩后，雌激素和孕激素水平急剧下降，至产后1周时可降至未孕时水平。垂体催乳激素因人而异，哺乳产妇多高于不哺乳产妇。不哺乳产妇通常在产后6~10周月经复潮，平均在产后10周左右恢复排卵。哺乳产妇的月经复潮延迟，有的在哺乳期月经一直不来潮，平均在产后4~6个月恢复排卵。产后较晚恢复月经者，首次月经来潮前多有排卵，故哺乳产妇未见月经来潮却有受孕的可能。

（七）腹壁

妊娠期出现的下腹正中线色素沉着，在产褥期逐渐消退。初产妇紫红色妊娠纹变成银白色妊娠纹。腹壁皮肤受妊娠子宫增大的影响，部分弹力纤维断裂，腹直肌呈不同程度的分离，于产后腹壁明显松弛，腹壁紧张度需在产后6~8周恢复。

知识拓展

妊娠中线的“秘密”

怀孕期间，孕妇腹部中间出现黑线较为常见，这主要是因荷尔蒙的变化，刺激色素细胞所形成的色素沉淀，即所谓的“妊娠中线”。怀孕期间出现的妊娠中线，是每个人还没有怀孕前身上原本就有的纹路。到了怀孕中期，有些白纹就会因为颜色变深，成为一条清晰可见的黑纹，甚至有些孕妇的黑纹还可能会向上延伸，达到胸线的位置。

如果平常皮肤皱折处，如手肘、腋下、腹股沟、乳头等处的颜色就较深，则表示属于容易沉淀色素的体质，那么，怀孕时期出现妊娠中线的概率也就相对较高。由于怀孕时期会大量分泌动情素、黄体素等荷尔蒙，其中的动情激素便会促使黑色素细胞的活动力增加，故容易出现色素沉淀的现象，使得色素沉淀的部位颜色也变得较深、较暗沉。

如果在短时间内体重增加太快，使得肚皮快速被撑大，就容易产生局部的发炎反应，使得这条中线的色素随之沉淀。妊娠中线变黑的原因，与每个人对荷尔蒙的反应强弱度也有很大的关系，一般来说，颜色偏黑的黄种人会比白种人更容易产生色素沉淀。如果肚子一下撑得太大，而组织愈薄的地方或对荷尔蒙反应较激烈的部位，就会囤积色素。

(八) 心理变化

一般来说，产褥期产妇的心理处于脆弱和不稳定状态，这与产妇在妊娠期的心理状态、对分娩经过的承受能力，环境以及包括对婴儿的抚养、个人及家庭的经济情况等社会因素均有关。多数产妇分娩后感到心情舒畅，然而，具有内向型性格、保守和固执的产妇，其依赖性、被动性、忧郁和信心缺乏较为明显。其中部分产妇在产后可能会进一步发展成为产后郁闷、焦虑等，即所谓的产后忧郁综合征。主要表现为以哭泣、忧郁和烦闷为主征的精神障碍。

二、产褥期临床表现

1. 体温升高

产妇产后的体温多数在正常范围内。若产程延长致过度疲劳时，体温可在产后24小时内略升高，一般不超过38℃。分娩3~4天后，乳房血管、淋巴管极度充盈也可能导致发热，体温可达38.5℃，一般仅持续数小时，最多不超过12小时，体温即下降，不属病态。

2. 脉搏不稳

产妇产后的脉搏会比以前略缓慢，可在50~60次/分钟，这通常与子宫胎盘循环停止及卧床有关，不属于病态。

3. 多汗

产妇在妊娠期间，体内积蓄大量水分，仅血液量就比孕前增加30%左右。一个正常人的血液量约占体重的1/10，为4000~5000毫升，而妊娠期孕妇则要增加1000毫升之多。分娩之后，这些多余的体液就需排出，否则可能会增加心脏负担。

产妇体内水分的排泄主要有三个途径：一是通过肾脏由尿液排出；二是通过肺的呼吸排出；三是通过汗腺由皮肤表面的毛孔蒸发。这就是产妇产后汗多的原因之一。由于产妇甲状腺机能亢盛，脂肪、糖、蛋白质代谢旺盛，故也会多出汗。另外，产后进食较多的高能量食物，又多喝汤水，这也是产后多出汗的原因。总之，产后出汗是一种生理调节现象，不必担忧。

但是，护理人员也应提醒产妇注意，如果出现汗多湿衣，持续不断，常兼气短懒言，倦怠嗜睡，或见睡中多汗，醒来即止，五心烦热，口干咽燥、头晕耳鸣等症状，则为病理性出汗，需要请医生诊治。

4. 食欲变化

有的产妇产后食欲大增，也有的产妇产后只是感到口渴，一连数天没有食欲。这些都是产后身体的正常反应，随着体力的逐渐恢复，产妇的食欲会有所增加。此时，适当地补充水分或半流质也会有助于体力的恢复。

5. 排尿困难

产后的前 2 天，有的产妇虽有尿意却不能顺利地排尿，除了有侧切伤口疼痛的原因，也有可能是分娩时胎头压迫膀胱时间过长，膀胱肌张力减退的原因。长时间的尿潴留有导致泌尿系统感染的可能。因此，产妇产后应尽早下床上厕所，可采取热敷、按摩、适当增加运动、多喝水等方法鼓励产妇自然排尿。

6. 排便困难

多数产妇有不同程度的排便困难，原因主要是侧切伤口的疼痛使产妇在排便时不敢用力；很多产妇产后由于各种原因只能躺着排便，更加剧了排便的困难；加之产后活动少、进食少或进食高蛋白多、蔬菜水果少等原因，严重者可能会引起便秘，甚至出现痔疮。

为了避免这种情况，产妇产后应多吃富含粗纤维的蔬菜、水果等食品。适当地早活动，增加肠蠕动，在排便用力时，拿消毒纸巾或棉垫向上压住会阴伤口，以减轻疼痛，在一定程度上改变排便困难的情况。如果便秘持续 3 天以上，应及时请医生予以适当的诊治处理。

7. 耻骨联合分离

耻骨联合由两侧的耻骨联合面藉纤维软骨连接而成。上、下面及前面都有韧带加强，上方的叫耻骨上韧带，下方的叫耻骨弓状韧带。女性的耻骨联合有一定的可动性，在妊娠后期，耻骨联合可出现轻度的分离，使骨盆的径线暂时性的增大，以利于分娩。

有的产妇由于分娩时产力的作用，骨盆的耻骨联合部分出现分离现象，产后活动时会感到局部的疼痛，必要时应请医生检查，予以固定和矫正。

知识拓展

耻骨联合分离症的矫正常识

产妇孕产后所致耻骨联合分离症，目前最常用的方法是利用骨盆矫正带进行物理固定矫正，矫正带可以通过固定在胯部向内收紧分离的骨盆，使分离的耻骨联合部快速恢复。另外，推拿手法也是本病行之有效的治疗方法。常见的推拿手法有按揉腰骶、按揉放松、牵引复位、按压复位以及斜板复位，需要由专门的医护人员进行操作。不管用哪种方法复位，复位后患部疼痛应是明显减轻或消失，下肢屈伸活动功能也即得到恢复。

8. 产生恶露

产后随子宫蜕膜（特别是胎盘附着处蜕膜）的脱落，含有血液、坏死蜕膜等组织经阴道排出，称为恶露。正常的恶露有血腥味，但无臭味，持续时间为4~6周，总量为250~500毫升，个体差异较大。血性恶露约持续3天，逐渐转为浆液恶露，约2周后变为白色恶露，约持续3周干净。上述变化是子宫出血量逐渐减少的结果。若子宫复旧不全或宫腔内残留胎盘、多量胎膜或合并感染时会导致恶露量增多，血性恶露持续时间延长并有臭味。

第二节　产褥期常见病症

女性生育过程容易造成身体内脏大移位，恢复起来比较困难，加之体虚，细菌趁机侵入，若护理不当，常易引发多种妇科疾病。那么，产妇分娩后应该重点预防哪些疾病呢？

一、子宫脱垂

1. 发生原因

支持子宫正常位置的韧带及盆底组织受到损伤，或过度松弛，都可能造成子宫脱垂。尤其在子宫纵轴与阴道纵轴相一致的情况下，当腹内压力增高时，更容易发生子宫脱垂。因此，分娩损伤是子宫脱垂的主要原因，营养不良、脏器周围结缔组织软弱，或支持组织先天发育不良或慢性咳嗽、便秘、产后过早劳动则是子宫脱垂的促成因素。

2. 三度分类

子宫脱垂可以分为三度。Ⅰ度：子宫颈距离处女膜缘少于4厘米，但未达处女膜缘，为轻型；检查时，阴道口能见到子宫颈，但子宫颈只达处女膜缘，并未超过该缘，为重型。Ⅱ度：子宫颈已脱出阴道口外，但宫体仍在阴道内，为轻型；子宫颈及部分宫体已脱出于阴道口外，为重型。Ⅲ度：子宫颈及子宫体全部脱出于阴道口外。

3. 临床表现

（1）腰骶部疼痛、下坠感，系由于子宫脱垂牵拉腹膜、子宫各韧带及盆底组织引起，走路、负重后症状加重，休息时可减轻。

（2）有块物自阴道脱出，轻者仅在腹压增加时感到有块物脱出，平卧可自动还纳；严重者脱出物长期暴露于外阴部，因摩擦出现糜烂、溃疡。

（3）并发阴道前、后壁膨出，可出现排尿或排便困难。

4. 防护方法

视产妇具体情况，可采用非手术疗法和手术疗法。非手术疗法：适用于Ⅰ度重、Ⅱ度轻型的子宫脱垂患者，体弱或因其他原因不能耐受手术者，采用子宫托并配合一般支持疗法。

（1）产后不要长久站立、做下蹲动作、拎重物、过早跑步、走远路，应充分休息，勤更换卧床体位。及时治疗慢性咳嗽、便秘或腹泻等，避免增加腹压和重体力劳动。

（2）俯卧、胸膝卧位可帮助子宫保持前倾位。护理人员可以协助病人每日执行肛门收缩动作2~3次，每次5~10分钟，并进行肛提肌功能锻炼，取膝胸卧位，每日2次，每次15分钟，以增加盆底肌肉的紧张度。

（3）对产妇进行饮食指导，加强营养，增进体质。配合中药，如补中益气汤等辅助治疗。

二、生殖器官感染

1. 感染发生原因

产妇分娩后阴道外口会充血、水肿或有撕裂伤，加之生产时子宫会有创面，病菌进入后容易引起盆腔感染。产妇分娩时，为了保证分娩的顺利进行，一般医生会在会阴部分切开一个小口，这可能会造成阴道外口充血，从而引发感染。

2. 导致后果

这一阶段护理不当，容易引发外阴炎、阴道炎、子宫内膜炎、盆腔炎、会阴部撕裂伤，严重者还会引起败血症，导致失血性休克而危及生命。

3. 防护对策

（1）避免会阴切口感染。

当伤口出现肿胀、疼痛、硬结，并在挤压时有脓性分泌物时，应在医生的指导下服用抗菌素，拆除缝线，以利脓液流出；局部采用 1 :5000 高锰酸钾温水冲洗，每天 2 次，或用清热、解毒、散结中药煎液清洗伤口；使用台灯进行局部烘烤理疗，也可促进伤口愈合。

（2）小心护理水肿伤口。

伤口水肿时，可用 95% 的酒精纱布或 50% 硫酸镁溶液进行局部热敷、湿敷，每天 2 次；卧位时，尽量将臀部抬高一些，利于体液回流，减轻伤口水肿和疼痛。坐立时，身体重心偏向健侧，既可减轻伤口受压而引起的疼痛，也可防止表皮错开；避免摔倒或大腿过度外展而使伤口裂开。

（3）避免伤口发生血肿。

产后初期，产妇宜采取右侧卧位，促使伤口内的积血流出，不致内积而形成血肿，影响愈合，也可防止恶露中的子宫内膜碎片流入伤口，日后形成子宫内膜异位症；待 4~5 天伤口基本愈合时，可采取左右轮换卧位。

（4）保持会阴部清洁。

不论是自然撕裂，还是切开的伤口，一般都可在 3~5 日内愈合，每天用温开水冲洗 2 次；为防止伤口污染，每次便后可用新洁尔灭消毒棉擦拭冲洗外阴，大便后切忌由后向前擦，应该由前向后擦，并再次冲洗；注意勤换卫生护垫，避免浸湿伤口。

（5）防止会阴切口裂开。

发生便秘时，不可迸气用力，可用开塞露或液体石蜡润滑，尤其是产后2~3天，避免做下蹲、用力动作；解便时宜先收敛会阴部和臀部，然后坐在马桶上，可有效地避免会阴伤口裂开。

三、肛裂

1. 致病原因

妇女产后由于子宫收缩，直肠承受胎儿的压迫突然消失，使肠腔舒张扩大，粪便在直肠滞留的时间较长，容易形成便秘。

在分娩过程中，会阴因压力过大被扯破，也会造成肛门水肿疼痛等。有的产妇产后饮食蛋白质摄入量高、粗纤维少，也容易引起便秘，同时可引起大便干结而量少，使粪便在肠道中停留时间较长，引起痔疮。有些产妇不注意科学饮食，产后喜欢吃羊肉、姜汤等热性食物，很少吃蔬菜、水果，也会加重消化系统的负担。

产妇卧床休息、活动少，以致肠蠕动减慢，大便在肠道内停留时间过久，水分被吸收而过于干燥、硬结，引起排便困难，导致痔疮、肛裂、大便时肛门疼痛甚至出血。

2. 预防方法

改变饮食结构，宜吃新鲜蔬菜、水果等纤维素较多的食品，这样消化后的残渣较多，大便时易排出。少食辛辣、精细食物，多食粗纤维食物。勤喝水，以润滑肠道和补充足够的水分。

早下床活动，尽快恢复产前排便习惯。一般3日内一定要排大便，以防便秘。产后妇女，若排便困难，可借用开塞露润滑粪便，以免撕伤肛管皮肤而发生肛裂。当便秘难解时服麻仁丸或四磨汤，便后用温水洗肛门。

四、乳腺炎

1. 发生原因

（1）乳汁排通不畅淤积乳房内。

（2）乳头皲裂造成细菌上行感染发炎。

2. 防护方法

（1）每次喂奶前后，要用温开水洗净乳头、乳晕，保持干爽、干净。

当乳头有汗水浸渍或脏东西时要及时洗掉。

（2）采用正确的喂奶姿势和乳头衔接方式。

（3）保持乳腺管的畅通：通常通畅的乳腺管即使在乳房充盈的情况下也不会感觉疼痛，如果乳房有肿块并感觉疼痛就说明乳管不畅通，如果自己解决不了，就有必要请专业的乳房护理人员做通乳服务。

五、泌尿道感染

1. 发生原因

女性尿道短而直，又靠近肛门，很易被污染。孕妇之所以会有较高的比例罹患泌尿道感染，主要原因就在于怀孕时会有高量的黄体激素分泌，高量的黄体激素会抑制膀胱逼尿肌收缩，同时，肾盂输尿管平滑肌也会松弛，造成尿液滞留。产妇分娩后，膀胱和输尿管肌肉暂时松弛，也易存残尿。妊娠后期体内潴留的水分在分娩后主要从肾排出，增加了膀胱负担，降低了膀胱的防病能力。

2. 导致后果

尿道感染引起膀胱炎，肾盂肾炎，治疗若不彻底可演变成慢性泌尿系统炎症，急性感染严重者可并发败血症。

3. 防护方法

产妇应保持会阴部清洁，产后多饮水，以及早排尿。一定要在分娩后4~6小时排尿，尽早下床活动，这都有助于膀胱肌肉功能的恢复。产后每次排尿要留意尿是否排净，以免滋生细菌，引发感染。当排尿困难时，可通过热敷下腹膀胱部位、听流水声音等方式刺激尿意。

六、产后抑郁症

1. 主要症状

产后抑郁症是指女性在生产之后，由于对性激素、社会角色及心理变化所带来的身体、情绪、心理等一系列变化的不适应，而产生的一种欠佳的精神状态。典型的产后抑郁症是在产后6周内发生，可持续整个产褥期，有的甚至持续至幼儿上学前。

产后抑郁症的发病率为15%~30%，通常在6周内发病，可在3~6个月自行恢复，但严重的也可持续1~2年，再次妊娠则有20%~30%的复发率。10%的产妇会发展为严重的持续时间较长的产后抑郁症，0.1%会患上产后精神错乱。

2. 产生机制

(1) 生物学的易感性。

已证实的主要因素是个体的心境障碍易患素质，大约有1/3的产后抑郁女性有既往的抑郁发作，通常存在家族史。

(2) 内分泌的快速变化。

关于产后抑郁生物学基础的证据尚不明确，与妊娠有关的生育激素变化，特别是产后雌激素水平的下降，也可能导致抑郁症状的出现。

(3) 身份角色及环境因素的转变。

初为人母需要面临涉及生活各方面的社会心理变化，伴随着各种角色转变、责任、冲突和矛盾等情感变化，孕期焦虑、照顾婴儿的压力、缺乏社会支持及婚姻问题等也是严重的应激源。

3. 表现形式

近85%的女性曾有产后情绪不良，也称产后恶劣心境，她们在产后的2~4天会出现易哭泣、悲伤、易激惹、愤怒、焦虑等情绪不稳的症状，这种状态在产后的5~7天达到高峰，随后逐渐好转直至产后2周时完全消失。虽然产后情绪不良是有自限性的，但如果这些症状和抑郁情绪持续超过2周，就需要评估和诊断患者是否为产后抑郁。

4. 心理疏导

(1) 入户后先与产妇及其家属交流沟通。

了解产妇的生活习惯、喜好与禁忌，牢记并遵守，取得产妇的信任。

(2) 注意观察产妇的情绪变化。

发现产妇情绪低落时，应主动关心并与之交流，争取让产妇敞开心扉，谈出自己的感受，针对产妇情况进行疏导。若产妇不愿谈感受时，不可追问，可以先通过收拾房间，建议产妇放一些轻松的音乐，并且做一些产后形体恢复操，缓解产妇负面情绪。

（3）争取产妇家人的配合。

在征得产妇同意的基础上，将产妇情绪适时适当告知家属，取得家属的支持配合，共同帮助产妇度过这一阶段。

（4）注意事项。

①注意沟通方式，不要以指导者的口气同产妇及家属讲话。

②注意讲话的艺术，例如：我感觉她今天的情绪不太好，我觉得情况是这样，不一定对，仅供您参考。

③当产妇抱怨她的家属时，不可顺其思维褒贬其家人，应站在中立的立场，引导产妇换位思考，善意理解家人的行动。

④对待产妇需真诚，注意留意产妇的情绪，必要时进行良好的沟通。

七、恶露不尽

1. 主要症状

胎儿娩出后，胞宫内遗留的余血和浊液，称为“恶露”。正常情况下，一般在产后20天以内，恶露即可排除干净。但如果超过这段时间仍然淋漓不绝者，即为“恶露不尽”。如不及时治疗，迁延日久，则可影响产妇的身体健康并引发其他疾病。

2. 疾病类型

（1）血热型恶露不绝（宫腔感染）。

①主要症状：恶露量较多、色深红、质黏稠、有臭味；面色潮红，口燥咽干。

②常用中成药：丹栀逍遥散。

（2）气虚型恶露不绝（子宫收缩不佳）。

①主要症状：恶露量多、色淡红、质稀薄；小腹空坠，神倦懒言，面色苍白。

②常用中成药：补中益气丸，十全大补丸。

（3）血淤型恶露不绝（宫内有残留）。

①主要症状：恶露量少、色紫黯有块、小腹疼痛拒按。

②常用中成药：生化汤丸，益母草胶囊。

3. 致病原因

（1）宫腔感染。

产后过早洗盆浴、卫生巾不洁、行房事太早，或手术操作者消毒不严密等不良接触的原因，致使宫腔感染。

（2）子宫复原不良。

产后未能很好休息、平时身体虚弱多病，或产程时间过长、胎儿过大、耗伤气血，致使宫缩乏力，恶露不绝。

（3）妊娠组织残留。

特点是出血量时多时少，内夹血块，可伴有阵阵腹痛。曾经做过人流、生育了多个婴儿、生殖道感染、子宫畸形等情况的产妇较易发生这种现象。

4. 处理方法

除了及时就医外，产妇在日常生活中还应注意保持阴道清洁、勤换卫生巾，保持清爽，最好暂时禁止行房，以减少感染发生。

第三节　产褥期护理

一、产妇的入院及出院护理

（一）产褥期护理的重要性

1. 中医看坐月子

关于坐月子，传统中医认为，产妇最基本的生理变化是“虚”和“淤”。虚者，由于分娩时的产伤和出血，以及生产时用力，耗气伤血，出现气血两虚。由于产后妇女有以上的生理特点，临床上所出现的病理变化则要概括为三点：一是亡血伤津，易变生他病；二是余血浊液，易生淤滞；三是产后体虚，易感六淫（六淫指风、寒、暑、湿、燥、火）。

2. 西医看坐月子

传统的坐月子大多谈及生理上的休息和调养，现代医学强调产妇在坐月子期间，不但需要生理上的调适，也要注重心理精神方面的调适。因为孩子的出世，家中成员的增加，新角色的扮演与亲子关系建立的需求等，都要在坐月子的过程中进行调适。

3. 女人改善体质的良机

通常认为，生育期是女性改变体质的好机会，利用正确的食补和适当的休息，不止可以恢复产前原貌，使变形的内脏恢复弹性，还能够通过产后特殊的身体特点改造体质。反之，若坐月子不当，可能会产生体形变差，体力不支，骨质疏松，钙质流失的后果，提早进入更年期。

所以说，产褥期是全身多系统逐渐复原的时期，产妇能否康复如初，产褥期是关键阶段。在这段时期里，一定要注意做好产褥期保健，以保证身体健康和体形的恢复，使婴儿更健康，家庭更美满。

（二）入院物品的准备

在生产前，准产妇一般会提前入院。这时护理人员应协助产妇做好入院时的准备工作。除了在心理上给予准产妇一定的抚慰外，这一阶段最重要的工作就是准备好入院要用的物品。

1. 产妇用品清单

品名	建议数量	品名	建议数量
证件类		**食物及餐具**	
身份证	夫妻双方	巧克力及其他零食	若干
产检及围产卡	2个	矿泉水	若干
准生证	1个	带吸管的杯子	1个
医保卡	1张	弯头吸管	1包
现金和银行卡	有些地方不能刷卡	餐具	1套

续表

品名	建议数量	品名	建议数量
杂物类		衣物	
记事本、便笺纸	记宝宝日记	哺乳内衣	2 件
数码相机或摄像机	记录宝宝的第一天	吸奶器（建议电动）	好女人新安怡
手机及充电器	若干	一次性内裤	1 包
手提电脑	1 台	带跟拖鞋	1 双
—	—	袜子	若干
卫生用品		洗浴类	
产妇卫生巾	2 包	盆	2 个（乳房、洗脸专用 1 个）
卫生纸	一提	毛巾	3 条（乳房清洗专用 1 个）
防溢乳垫	1 包	水杯、护肤品、衣架	若干
一次性马桶垫	1 包	—	—

2. 婴儿用品清单

品名	建议数量	品名	数量
哺乳用品		护理用品	
奶瓶	初生装	隔尿床垫	2 个
奶瓶刷、奶瓶夹	各一个	纱布手帕	6 个
喂食碗、软头勺	各一个	婴儿专用洗衣液	1 个
围嘴	4 个	湿纸巾（臀部专用）	1 大包
奶粉	一桶	口手湿巾	1 大包
奶瓶清洗液	一个	盆（清洗奶瓶专用）	1 个
婴儿衣物		护臀霜	1 个
和尚服	2 件（补充医院提供不足）	干纸抽	1 提
抱毯	1 个出院使用	爽身粉（玉米淀粉）	1 盒

（三）医院护理流程及内容

（1）与客户确定岗位无误。

如果母婴护理师是于产妇产后才进入医院开始服务周期，那么入院护理首先就要与客户对接，确认身份。因为很多产妇和多个家政服务公司交叉，有可能造成弄错对象的问题。

（2）清洗双手，更换工装。

人的一只手上大约粘附着40多万个细菌，人在一小时内至少三次会用手碰自己的鼻子、眼睛、嘴巴等部位，这些都可能为病原传播创造机会。产妇和新生儿都是处于免疫力低下的阶段，母婴护理师必须正确掌握“洗手六步法”，预防疾病，避免交叉感染（如图3-1所示）。

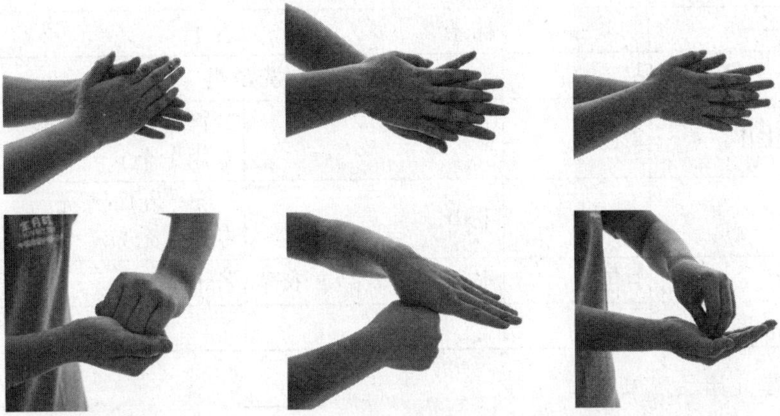

1-掌心对掌心搓揉；2-手指交错掌心对手背搓擦；3-手指交错掌心对掌心搓擦
4-双手互握互搓指背；5-拇指在掌中转动搓擦；6-指尖在掌心中搓擦

图3-1　洗手六步法

（3）沟通个性化要求。

除了见面时要确认岗位，母婴护理师还要了解客户在饮食禁忌、信仰、生活习惯等方面的个性化要求，在之后的服务过程中就可以根据要求提供令客户满意的专业服务，避免因不了解而造成失误或误会。

（4）整理操作面。

经过一番沟通后，母婴护理师开始整理所有的物品，并有条理地安放。同时要检视必需物品是否有缺少，告知客户家属及时补充，以免因相关物品不全影响服务。但要注意的是，有些可有可无的用品需要提前征求客户意见，不要强求，并主动为客户节约生活成本。

（5）新生儿检视。

在第一次护理新生儿的时候一定要仔细检查新生儿有无异常状况，比如：红臀、脐炎等。如果有问题，一定要及时与家长沟通，但要注意沟通时的语气和表情，避免不必要的误会。

（6）开奶及母乳喂养指导。

新生儿出生第一天的喂养很关键。一般应于新生儿出生后半小时内为产妇开奶，包括：给产妇使用热毛巾温敷乳房，清理乳头上的结痂，打开乳孔并指导产妇正确的乳头衔接和母乳喂养姿势。这是成功母乳喂养的重要保障，也是每一位高级母婴护理师所必须掌握的专业技能。

（7）点滴的观察及离位交接。

无论顺产还是剖宫产术后，医院都会给产妇点滴输液，主要是缩宫素和抗生素，目的是帮助产妇子宫收缩和预防炎症，一般无异常情况都会输三天液。在这期间，护理人员要时时关注输液的情况，如果液体没了就要及时通知护士。如果需要离开，一定要妥善安排。

（8）二便的观察及护理。

顺产产妇由于在产后容易发生产后尿潴留，剖宫产因为插导尿管易发生尿路感染，另外，产后便秘也是常见的产后问题。因此，母婴护理师还应及时督促产妇喝水、排尿、排便，这是产后前几天内很重要的护理工作，不容忽视。

（9）产褥汗护理。

产妇在生产后的第一个星期出汗较多，尤其在睡眠时，常常会把衣服、被子浸湿，医学上将这种生理现象称为“褥汗”，7 天左右会自然停止。一般来讲，每个产妇都有褥汗。

这一阶段的护理要点是要注意避免产妇出汗后受凉伤风，及时擦干面部和颈部的汗水，每天睡前擦拭身体，及时盖严暴露部位，及时更换和清洗被汗浸潮的内衣。

（10）洗漱护理。

传统中医认为，产妇产后肌理腠穴大开，外邪容易侵入，所以产妇洗漱必须用温水，不能使用冷水，以免受寒。同时因为生产的原因，产妇的身体非常虚弱，需要护理人员协助产妇完成洗漱工作。

（11）饮食。

要根据产妇营养配餐的原则给予正确的指导和讲解，协助产妇订餐和用餐，餐后的护理（洗手、漱口）。

（12）下床活动。

讲解早下床活动的好处（排气、排恶露、恢复体能），并随时搀扶，以防产妇头晕摔伤。

（13）预防抑郁。

懂得抑郁发生的原因，做好疏导工作，带动并营造良好气氛，调整产妇情绪。

（14）预防风寒和骨骼疼痛。

懂得受风和骨痛的原因，注意提醒产妇预防。

（15）保证安全。

白天需要离开病房时，要交接其他人员监护产妇和新生儿，夜晚睡觉前保证房门上锁。

（四）产妇出院的准备工作

产妇出院和入院同样重要，准备工作同样不能忽视。

1. 出院前需完成事项

（1）新生儿采过足跟血（脚后跟采血，必须在新生儿出生 72 小时以上，如果未满 72 小时需出院者，可以在“新生儿延期采血通知”上签字，过 3~5 天后，再将新生儿抱去医院采集足跟血）。

（2）新生儿做过听力筛查，且通过基本测试。

（3）新生儿打过预防针，并且保管好了预防接种单（婴儿满月后，带上预防接种单，去打预防针，打预防针的地点有：当地卫生院，妇幼保健院，县防疫站等）。

（4）新生儿已办理过《出生医学证明》（办理出生医学证明需要将新生儿姓名定下来，带上夫妻双方的身份证）。

知识拓展

采足跟血有什么作用

为了筛查先天性苯丙酮尿症（简称PKU）和甲状腺功能减低症（简称CH），通常在新生儿出生超过72小时以上，并且在不超过满月内，对其采集足跟血。这两种血液性疾病如果不及时治疗可造成婴儿智力严重低下，但是如果在新生儿期早发现、早诊断、早治疗，可以避免严重伤害。此两种病主要症状是反应慢、发育迟缓等，检查出来将得到免费治疗，治愈率达95%以上。如果不筛查，将来得病后是无法治愈的。一般采集足跟血后大约一个月以内出结果，如果化验为阳性，则怀疑相关疾病，需要复查，那就得再次采血；如果化验报告为阴性，就不需要再采血了。

2. 出院当日需要出具的证件

（1）准生证。

（2）医保卡。

（3）产妇本人身份证或户口本。

（4）医院出具的《出院记录》。

（5）已盖过章的住院发票。

3. 出院前产妇和新生儿注意事项

（1）产妇应穿戴整齐、保暖，防止着风寒。

（2）产妇走路宜慢、稳，护理人员应注意搀扶，防止产妇受到跌倒损伤等不必要的伤害。

（3）护理人员也应注意做好新生儿的保暖和防护工作，以免受凉。

二、产妇的日常护理

（一）居室环境清理

1. 温湿度适宜

通常室温冬天能达到22℃～24℃，夏天在27℃～29℃，相对湿度为

45%~60%较为适宜。可以用空调调节室温，使用空调除湿功能降低湿度，用加湿器调节湿度，也可以于夜间在室内放一盆水以增加空气湿度。要保持室内空气清新，每天适当开窗通风，保持室内空气新鲜。

开窗通风时要避免室内出现对流风，使用电风扇和空调时也需要注意，不要让风直接吹到产妇和婴儿身上。家人可以选择在中午开窗通风，开窗之前先挂上窗帘，防止风直接吹进来，并且将产妇和婴儿转移去其他房间。通风完成后，关好窗再让产妇和婴儿进来休息。需要注意的是，产妇和婴儿的床不要太靠近窗户。

2. 安静整洁

产妇房间不宜放置过多花卉，尤其不宜养植芳香花木，以免引起产妇和婴儿过敏。产妇房间保持相对安静即可，平时可放一些柔和的音乐，以利于产妇休养。

3. 实际操作

主要分为三个步骤：通风前室内清洁消毒、室内通风、通风后调节温湿度。需要用到的物品为消毒液、分类专用抹布及塑胶手套、室温度计和湿度计。

（1）通风前室内清洁消毒。

①通风前准备工作：请产妇和婴儿离开通风房间，然后进行室内除尘，清理杂物，整理卧具。

②用1∶500的84消毒液喷洒地面，并擦拭桌椅等室内用具，5~10分钟后开窗通风。

（2）室内通风。

房间门窗打开使空气对流至少20分钟，若消毒液气味未散尽，可继续通风至无味。

（3）通风完毕。

待室温达到约22℃~26℃时，请产妇及新生儿进入，然后按同样的程序对其他房间进行通风换气。

（4）注意事项。

①严格按消毒液说明，调好浓度，以免因为浓度过大刺激呼吸道。

②若家中另有幼儿，应将消毒液妥善收藏，以免造成孩子误食等危险。

③注意通风后室温变化，避免与其他房间温差过大时就让产妇进入。

知识拓展

什么是产褥期六邪？

产妇产褥期不止要避风，六邪均要防。六邪之说源自中医，讲的是来源于大自然的六气，为风、寒、暑、湿、燥、火。“风为百病之长、六邪之首”，风邪作为外邪致病的先导，常夹杂着其他外邪一同侵犯人体，如风夹寒、夹暑、夹湿、夹燥、夹热等。一般来说，如冬季多见风寒，春季多见风热（春季气候转暖），夏季多夹暑热，夏秋之间多夹湿邪，秋季多兼燥邪。另外，四季之中，又有气候失常的情况，如春应温而反寒，冬应寒而反暖，夏应热而反冷，秋应凉而反热，即所谓“非其时而有其气”。这种气候突变寒温失常的情况，正是风邪兼时令之气侵入人体发生疾病的致病因素。

产褥期产妇应该避风已是共识，冬天一般人家都会闭门关窗，但如果夏天或潮湿季节这样做，室内又热又湿，产妇会感觉暑热难当。除了风，还有寒、暑、湿、燥、火五邪，产妇产后正值气血双虚，机体腠理腧穴经脉大开，免疫力低下的特殊生理阶段，邪侵入内，导致产褥期疾病的发生，严重会造成肌肉骨骼的风湿病，若未及时治疗，病痛会伴随一生。

（二）顺产与剖宫产产妇的护理要点

1. 顺产产妇的护理要点

（1）注意及时给产妇补充饮用水，督促产妇及时排尿排便，预防产后尿潴留及便秘。

（2）督促产妇尽早下床，促进恶露排除和子宫恢复。

（3）及时开奶，正确指导母乳喂养，促进母乳尽早分泌。

(4) 做好乳房护理工作，预防乳头皲裂和乳腺炎的发生。

2. 剖宫产产妇的护理要点

剖宫产产妇的护理除了如顺产产妇的常规护理内容外，还有一些特殊的护理要求：

(1) 术前6小时禁食。

产妇剖宫产术前进食，一方面容易引起产妇肠道充盈及胀气，影响整个手术的进程，在某种情况下，还有可能误伤肠道；另一方面产妇经历了一次大的手术后，不仅失血比阴道分娩多，身体虚弱，发生感染的机会较多，有些产妇还会因此出现肠胀气等不适感，延长排气时间，对产后身体恢复不利。

此外，在剖宫产手术中，为减少产妇的痛苦，通常会使用一些麻醉药物，一旦麻醉药物发挥了作用，会给产妇带来一些不良反应，如出现恶心、呕吐等不适症状，胃内容物经呕吐后，容易被产妇误吸入体内，从而给产妇的身体带来危险。

(2) 术后6小时内注意事项。

①躺卧的姿势。术后回到病房的产妇需要头偏向一侧、去枕平卧，这样可以预防呕吐物的误吸。

②腹部压沙袋。护士会在产妇的腹部放置一个沙袋，这样做是为了减少腹部伤口的渗血。此外，护士们还会定时为产妇按摩子宫，观察子宫收缩和阴道流血情况。

③止痛泵。有些产妇从手术室出来就配备了麻醉包，以减少术后伤口的疼痛。

④导尿管。为了手术方便，通常在剖宫产术前要放置导尿管。母婴护理师要注意观察产妇的排尿情况，尿量不得超过尿袋的一半，及时放空尿袋并记录尿量，防止尿液返流。

⑤乳房护理及开奶。联合国儿童基金会提出的“母乳喂养新观点”认为：在开奶前不喂糖水和牛奶。因为提倡“早开奶、勤喂奶”。当新生儿出生后半个小时便可开始母乳喂养，最晚也不能超过6小时。

⑥ 6小时内禁食。在术后6小时内产妇应当禁食。这是因为手术容易

使肠道受刺激而使其功能受到抑制，肠蠕动减慢，肠腔内积气，因此，术后会有腹胀感。为了减轻肠内胀气，暂时不要进食。如果产妇觉得口干，也不能喝水。可用棉签蘸温开水擦拭一下嘴唇或漱漱口。

⑦其他。帮助产妇擦洗腿部和臀部的血迹；按摩腿部肌肉，以利于麻药快速消退；及时给产妇穿上衣服，避免产妇肩颈受风。

（3）术后 6 小时后的护理。

①躺着的姿势。产妇产后平卧 6 小时以后就可以睡枕头了，这时最好采用侧卧位，可以将被子或毯子垫在背后，使身体和床成 20°～30°，这样可以减少身体移动时对伤口的振动和牵拉痛，使人感觉舒服一些。

②进食。剖宫产 6 小时以后可以饮用一些排气类的汤，如萝卜汤等，以增强肠蠕动。促进酵产气多的食物，如糖类、黄豆、豆浆、淀粉类食物，应该少吃或不吃，以防腹胀更加严重。

③尽早活动。此时特别需要注意保暖以及各种管道的畅通情况；勤换卫生巾，保持清洁；腹部的沙袋需放置 8 小时；术后 12 小时，产妇在家人或护士的帮助下可以改变体位，翻翻身、动动腿，术后知觉恢复后，就应该进行肢体活动。

（4）术后 24 小时后的护理。

①拔掉导尿管。麻醉药物的影响消失，膀胱肌肉才又恢复排尿功能，这时可以拔掉导尿管。

②督促排尿。督促产妇多喝水，努力排尿，只要一有尿意，就要努力自行解尿，降低导尿管保留时间过长而引起尿路细菌感染的危险性。

③下床活动。24 小时后应该练习翻身、坐起，并下床慢慢活动，条件允许还应该下地走一走，运动能够促进血液循环，使伤口愈合更加迅速，并能增加胃肠蠕动，尽早排气，还可预防肠粘连及血栓形成而引起其他部位的栓塞。

④督促排便。剖宫产后，产妇由于疼痛致使腹部不敢用力，大小便不能及时排泄，容易造成尿潴留和大便秘结。母婴护理师应督促并协助产妇采取适当措施及时排便。

(三) 家庭日常护理

1. 家庭护理流程

(1) 上门自我介绍、确认岗位无误。

母婴护理师第一次到客户家，应自然、大方地自我介绍和沟通，为之后的良好工作氛围打下很好的基础。

(2) 更换拖鞋，听从客户安排洗手或洗澡，换工作服。

母婴护理师在上岗前要打理好自己的个人卫生。到客户家后，首先要换上拖鞋、工作服，并洗手。客户有特殊要求时，也应按照客户的要求做好。

(3) 与客户简要沟通，确认对方明确自己的岗位职责。

了解客户的具体需求和嗜好，有助于更好地为其提供专业服务。

(4) 检视产妇及婴儿初始状况并及时告知客户及家人。

及时检视并说明婴儿及产妇的初始状况，可以避免因为沟通不充分造成的误会和责任纠纷，但沟通的时候一定要注意措辞和语气。

(5) 按照既定日程安排提供日常服务。

2. 每日常规工作

(1) 合理摆放产妇及新生儿用品。

一个新生儿的降生，家中增添了很多产妇和新生儿的用品，打破了家中原有的秩序，母婴护理师根据需要和自身的行业经验，将物品合理、按部就班地摆放，有助于工作的开展和进行。合理归置物品同时也可以改善居室内物品混乱的秩序，为产妇和新生儿创造一个整齐、干净、舒适的休养环境，更有利于产妇的恢复。

(2) 照顾产妇洗漱。

产妇生产完后身体羸弱，母婴护理师有必要协助其做洗漱工作，这也是母婴护理师每天工作内容的一部分。

(3) 给客户提供菜单。

产妇产褥期的饮食对身体的调理至关重要，护理人员应针对不同体质的产妇使用不同的食材和食谱，并提前给出饮食建议，并作出菜单给客户参考。

(4) 烹制月子餐。

月子餐由于有很多饮食的禁忌，很多食材和调味品不能使用，口味还要清淡、少油少盐。产妇刚生产完，胃口不好，应结合产妇的饮食习惯和口味，为其制作可口的餐点。

(5) 整理厨房。

每次餐后，注意洗净餐具、刀具、菜板及洗菜盆等，并清洁餐桌和厨房。

(6) 打扫产妇房间。

严格按照标准操作流程，每天打扫、消毒、通风，为产妇营造一个舒适、适应的产褥期休养环境，避免外邪入体，预防月子病。

(7) 产妇衣物的清洁、整理。

产妇新陈代谢旺盛，乳汁又经常溢出沾染衣物，所以一定要注意衣服的清洁卫生，应该勤换、勤洗、勤晒，否则很容易引起细菌感染，危害母婴健康。

(8) 做好每次哺乳的辅助工作。

初产妇往往没有母乳喂养的经验，需要护理人员给予专业指导，帮助产妇顺利进行母乳喂养。在每次产妇喂奶前，要帮助产妇清洁乳房，协助产妇正确掌握喂奶姿势。

(9) 喂奶器具清洗、消毒。

凡是婴儿入口的东西都要经过严格把关，做好必要的消毒措施，如喂奶器具，需要每次用完都消毒一次。

(10) 照顾产妇洗漱、洗下身、洗脚。

虽然传统的坐月子不建议产妇过早洗澡，但必要的个人卫生还是要保持，每天早晨和晚上睡觉前，母婴护理师都要给产妇准备好洗漱用品和温水，并协助产妇完成洗漱。

(11) 安排产妇休息。

产妇经过生产，身体很虚弱和疲惫，需要以卧床休息为主，保持规律的起居生活，有助于身体的恢复。母婴护理师需合理安排产妇和新生儿的进餐、哺乳、加餐、午睡、夜间睡眠等全天的活动。

（12）凉好白开水，每日晚上更换一次。

产妇每天要喝一定量的水，为保证及时提供合适温度的饮用水，就需要随时备好凉白开水，与开水兑成合适直接饮用的温水。为避免细菌污染，盛放水的容器需要每天清洗消毒，每天在晚上更换一次水。

（四）恶露护理

1. 恶露观察

（1）什么是恶露。

产后恶露是指随子宫蜕膜脱落，含有血液、坏死蜕膜等组织经阴道排出，称为恶露，这是产妇在产褥期的临床表现，属于生理性变化。恶露有血腥味，但无臭味，其颜色及内容物随时间而变化，一般持续 4~6 周，每个产妇排出的量有所不同，平均总量可达 500~1000 毫升。

（2）恶露的分类。

正常恶露在不同的时间段，颜色、内容物不同，将其分为以下 3 种：

①血性恶露——3~4 日。

因含大量血液得名，色鲜红，量多，有时有小血块。镜下见多量红细胞、坏死蜕膜及少量胎膜。血性恶露持续 3~4 日后，出血逐渐减少，浆液增加，转变为浆液恶露。

②浆液恶露——持续到 10 天左右。

因含多量浆液得名，色淡红。镜下见较多坏死蜕膜组织、宫腔渗出液、宫颈黏液，少量红细胞及白细胞，且有细菌。浆液恶露持续 10 天左右，浆液逐渐减少，白细胞增多，变为白色恶露。

③白色恶露——2~4 周。

因含大量白细胞，色泽较白得名，质黏稠。镜下可见大量白细胞、坏死蜕膜组织、表皮细胞及细菌等，约持续 2~4 周干净。

上述变化是子宫出血量逐渐减少的结果。若子宫复旧不全或宫腔内残留胎盘、多量胎膜或合并感染时，恶露量增多，血性恶露持续时间延长并会有臭味。孩子吸吮乳头时，可引起反射性子宫收缩，有利于子宫腔内的恶露排出。

（3）恶露的护理。

观察颜色、流血量。通过观察恶露的性质、气味、量及持续时间，可以了解子宫复原情况及其有无感染发生。应及时更换垫巾、冲洗会阴部和臀部的血污。

2. 顺产侧切伤口护理

自然分娩的产妇一般于产后一个星期开始洗澡，剖宫产产妇一般于产后 10 天洗澡。洗澡时应使用淋浴，每次时间不宜太久，水温不宜太热，空腹时不宜洗浴。

侧切及手术伤口不宜过早过多地活动，待拆线后伤口不感到疼痛时，根据产妇的体质开始进行产后形体恢复操。

护理主要分为两个环节：侧切及手术伤口常规清洁、侧切及手术感染伤口的清洁消毒。

（1）侧切及手术伤口常规清洁。

①叮嘱产妇经常更换恶露垫，侧切产妇睡觉应侧向伤口对侧，以免恶露污染伤口。

②准备好干净的水盆、温水、清洁毛巾，请产妇清洁侧切伤口，每天 2~3 次。

③腹部手术伤口如果没有特殊反应（红、肿、热、痛）可以不必处理。

（2）侧切及手术感染伤口的清洁消毒。

①侧切伤口可用 1∶5000 高锰酸钾或 2‰的新洁尔灭冲洗，每天 2~3 次。

②如果腹部手术伤口有轻度红肿者，可用 75%的酒精每天涂擦 2~3 次。

③如果伤口红肿、热、痛明显者，提醒产妇及时到医院就诊。

（3）达标标准。

①无感染情况，产妇侧切伤口在 3~5 天良好愈合，手术伤口在 5~7 天良好愈合。

②如果有轻度感染通过清洁消毒后，感染程度不加重。

（4）注意事项：

①整个产褥期应帮助产妇洗澡，严禁盆浴，以免上行感染。

②使用高锰酸钾时不要配制太浓。

③工具与材料：水盆、1∶5000 高锰酸钾、2‰新洁尔灭、棉签、75%酒精。

知识拓展

外阴的清洁除了上述办法之外，还可以用妇炎洁、洁尔阴这些洗液按照说明稀释后冲洗，但需注意用流动的液体冲洗，顺序是从前向后。帮助客户冲洗外阴是母婴护理师分内的工作，但有部分产妇会因为不好意思而选择自己冲洗，此时，应提前为产妇准备好冲洗用的温水瓶。

3. 剖宫产产妇护理

一般剖宫产的伤口没有渗液太多、红肿、发热、剧痛等情况就不必担心。剖宫产的伤口较大，发生感染的概率也相对提高，由于皮下脂肪愈厚，伤口感染的机会也愈大，所以较胖的产妇，必须更注意产后伤口的护理。另外，有些人因体质关系，疤痕会越长越大，不但影响外观，还会有搔痒的困扰。

（1）伤口护理基本方法。

①伤口未愈合前请勿弄湿或弄脏，万一弄湿的话，必须立即擦干，并涂上优碘。

②淋浴后可将伤口上的胶带全撕下，将伤口拭干后（无须擦药），每天以 75%的酒精消毒伤口 2 次。

③伤口较平的人使用透气纸胶带，若是易过敏、易产生疤痕体质的产妇，则可按医师指示，使用硅胶，预防蟹足肿。

④每天用手指头轻轻按摩伤口周边 3~5 分钟，可有效减轻疤痕。

⑤避免阳光直接曝晒伤口，使疤痕颜色加深。有结痂者勿用手抓，让其自然脱落。

⑥腹部伤口有红肿、灼热、剧痛、渗出物等情形时，就需要去医院

就诊。

⑦避免拉扯伤口，满月后再做产后运动。

（2）伤口日常护理注意事项。

①会阴清洁和顺产者相同，但是自然产需用煮熟的水，剖宫产只要用浴室热水即可。

②睡觉时采左侧卧睡，对血液循环最好，期间也可以更换姿势。

（五）产妇个人卫生护理

产妇在产褥期一定要注意卫生，减少感染隐患，并保障新生儿健康。

1. 何时可以洗澡

（1）自然分娩无侧切伤口的，如果产妇体质许可，产后即可淋浴。

（2）自然分娩有侧切伤口的，可于 3 天后进行淋浴。

（3）剖宫产的，应待腹部伤口愈合后进行淋浴，此前可进行擦浴。

2. 注意事项

（1）每次洗浴时间以 10~20 分钟为宜，以免时间过久，发生虚脱等意外事故。

（2）产后洗浴禁用盆浴，以免发生生殖道上行感染。

（3）由于孕激素在产后骤降，产妇在洗头时，可能脱发较多，属正常现象，护理人员应叮嘱产妇不必担心，此现象会随着自身激素水平的调节而改变。

（4）刷牙时注意使用温水，不可用力过大，应使用产妇专用牙刷或用纱布裹在手指上蘸牙膏擦牙，每次刷 2~3 分钟即可，如果感觉刷得不干净，可以使用漱口水。

3. 实际操作

主要分为两个部分：洗擦浴、洗头；三个步骤：洗擦前的准备、洗擦浴、洗后的保暖。洗浴前后产妇活动房间与浴室室温一致，洗浴过程以产妇感觉温暖舒适为好。

（1）洗擦前的准备。

①关闭电风扇及空调，关好门窗，避免对流风。

②将室温及浴室内温度调节到26℃～32℃，水温调节到38℃～40℃，备好浴液、洗发液、浴巾等洗浴用品。

（2）洗擦浴。

①调整好浴室温度，请产妇进入浴室，用淋浴洗发、洗浴。

②若不具备淋浴条件，可帮产妇擦洗，然后在同等温湿度条件下另行洗发。

（3）洗后保暖。

洗浴后，叮嘱产妇穿好衣服，用干毛巾擦去头发水分，暂不外出。

（4）注意事项：

①水温适当，不可超过45℃，可拿水温计测量。

②室温适当，洗后不宜马上开空调降低室温和开窗通风，以预防产妇感冒。

③洗浴期间避免产妇滑倒摔伤等意外的发生。

（六）产后形体恢复

1. 建立正确的产后饮食观念

（1）均衡营养，合理膳食。

无论是孕期还是产褥期，科学合理的膳食都是至关重要的。坚持均衡营养、避免高脂高糖。在保证摄取、满足母婴需求的前提下，避免营养过剩。

（2）母乳喂养。

许多产妇因为害怕形体改变，不愿意给婴儿哺乳，其实母乳喂养可以促进母体的新陈代谢，消耗多余的热量，减少皮下脂肪的蓄积，预防生育性肥胖的发生。如果产妇每天泌乳850毫升，则可以消耗800千卡热量，相当于消耗掉90克脂肪。因此，应该鼓励产妇母乳喂养。

2. 产后适量健身运动

（1）产后健身的时间。

产妇身体条件允许的情况下可以进行运动，不同产妇的体质及兴趣差异很大。如果产妇本身对产后运动不热衷，也可不必强求。

（2）产后健身运动原则。

①应量力而行，循序渐进，以不累不痛为原则，不急于求成。

②产后运动时间和运动量应逐渐增加，动作从简单到复杂。

③饭后 1 个小时进行运动，不要吃得太饱，运动后注意补充水分。

④产后早期关节松弛，应该注意保护，尽量不做单脚用力的动作，如跳跃等。

⑤运动中如出现出血应立即停止。

（3）产后运动的好处。

①产后适当活动可促进恶露排出。

②正确的产后运动可给产妇带来轻松愉快的好心情，消除焦虑情绪。

③运动可增强体质，减少脂肪堆积，控制体重，收紧松弛的肌肉，塑造优美体型。

④正确的产后运动可减少产后后遗症发生，如产后尿失禁、产后便秘、产后腰背痛、产后抑郁症等。

⑤时间：产后当天即可。

3. 运动项目

（1）胸部锻炼——上肢运动。

①时间：产后当天即可。

②目的：提升胸部，避免乳房下垂。

③具体方法：

· 平卧，手平放两侧→吸气、双臂上举至头上方、手心相向→呼气还原姿势。

· 吸气双手平行举至胸前两掌相遇（与身体垂直）→双臂向两侧打开，掌心向下→再上举至两掌相遇→呼气还原。

（2）盆底肌肉锻炼。

盆底肌肉是介于耻骨和尾椎骨之间，由多层肌肉构成，其间经过尿道、阴道和直肠。此项训练开始得越早越好，主要通过缩肛运动来完成（如图 3-2 所示）。

①时间：产后 3 天。

②目的：锻炼盆底肌肉，预防产后尿失禁。

③具体方法：

· 仰卧屈膝位，双手平放在身体两侧，膝盖弯曲支撑起双腿，腰部紧贴床面；同时做 3 个动作：用鼻子吸气、用口呼气，随着呼吸用力收腹，臀部外侧肌肉夹紧并缩肛。

· 双膝分开与肩同宽→向内合拢、收缩肛门（持续数秒）→双膝分开、放松肛门，重复数次。

· 注意事项：动作保持数秒后再放松。重复 10 次左右。

图 3-2　缩肛运动

（3）腰、臀、腹部肌肉锻炼——提臀挺腹运动（如图 3-3 所示）。

①时间：产后 1 个月。

②目的：加强腰、臀、腹部肌肉力量，同时也可锻炼盆底肌。

③具体方法：仰卧屈膝位，双膝分开与肩同宽→以足和头为支点，抬高臀部同时收紧腹部、臀部肌肉，持续几秒钟→还原。重复 5~10 次。

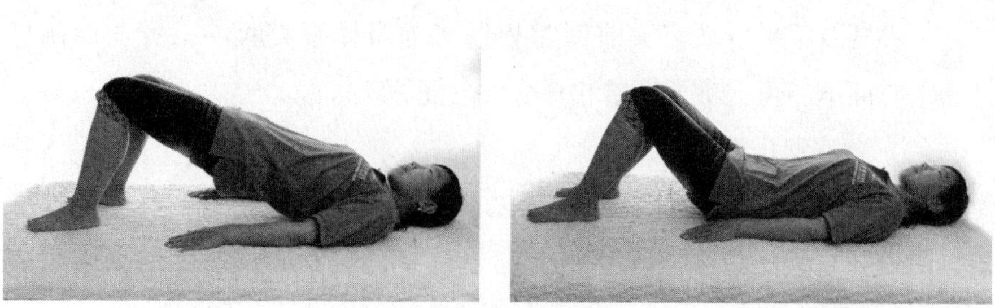

图 3-3　提臀挺腹运动

（4）腹直肌、腿部肌肉锻炼。

①时间：产后 1 周至产后 3 个月。

②目的：增强腿部、腹部肌肉力量，消除多余脂肪。

③锻炼时，应采取平卧位，具体方法如下：

· 直抬腿运动方法：分别直抬左、右腿数次，再双腿同时垂直抬起数次。

· 弯抬腿运动：左右腿分别屈膝弯抬，脚跟尽量触及臀部、大腿尽量靠近腹部→伸直放下之。

· 双腿侧抬腿运动：左侧卧位，左手向上伸直，右手自然放于胸前→抬高右腿数次也可在空中停留几秒→还原。再右侧卧位，做另一侧。

· 仰卧蹬车运动：仰卧，双手平放身体两侧，膝盖弯曲支撑双腿→双腿抬起左右交替运动，呈蹬车状，注意蹬出去的腿一定要伸直后再收回；运动量比较大，适宜产后 3 个月做。

· 抬头抬腿运动：仰卧位，双手平放身体两侧→双膝弯曲、双手抱膝靠近腹部，头和脚都离开床，只有腰支撑→松手放于身体两侧，同时抬起头肩部、双腿伸直上举，坚持数秒，重复数次，适宜产后 3 个月做。

（5）仰卧起坐运动。

①时间：产后 1 个月。

②目的：锻炼腰背肌、腹直肌。

③具体方法：平卧，双手掌交叉托于脑后，用腰、腹部力量坐起。

（6）子宫复位操（如图 3-4 所示）。

图 3-4　子宫复位操

①时间：产后 1 周。

②目的：缓解腰背部疲劳。

③具体方法：

· 方法 1：双手与肩同宽扶在床面，双膝与肩同宽跪在床上，四肢与身体呈 90 度；低头下颌贴近胸部，眼睛看肚脐，腰背弓起；抬头，腰塌下去；如此重复 10 次。

· 方法 2：跪坐在自己的双腿上，双手向前推，身体随之前移，头向下，尽量拉伸腰背部，持续几秒钟。

（7）骨盆运动。

①时间：产后 3 个月。

②目的：地上运动，如同肚皮舞，促进盆底肌肉的恢复，配合缩肛运动，同样可以预防产后尿失禁；也是促进腹部恢复、收紧臀部肌肉最好的运动方式。

③具体方法：

· 方法 1：站立，双脚与肩同宽，将胯骨向前送，腹肌、臀部肌肉、肛门同时收缩持续数秒，放松将胯骨后移、塌腰，重复 10~20 次，逐渐增加至 50 次。

· 方法 2：站立，双脚与肩同宽，以身体为圆心，做骨盆旋转运动，上身尽量保持直立。

· 方法 3：站立，双脚与肩同宽，以身体为圆心，做骨盆 8 字运动。

（七）产后抑郁心理疏导

产后抑郁是从开始分娩到产后一周至数周出现的一过性哭泣或抑郁状态。产后抑郁是由于生理因素、心理因素和环境因素等多方面综合作用的结果，并不是产妇事儿多、娇气等。产后抑郁发展严重时成为产后抑郁症。表现为终日闷闷不乐，觉得脑子一片空白，不能自制，失眠、疲倦、没有胃口、自责、焦虑，个别人还会出现自杀倾向，出现这种情况需要请医生进行心理疏导和治疗。（具体产生机制及疏导方法，详见本章第二节内容）

知识拓展

母婴护理师首先要调整好自己的心态，耐心倾听客户的诉说。学会换位思考的思维方式，掌握相关专业知识，才能具备理解产妇处境的能力，从而做到包容、甚至是感同身受，就不会因为产妇的不良情绪影响工作状态，避免不必要的投诉和纠纷。扎实的专业知识，良好的职业素养，良好的服务意识和心态是成为一名优秀高级母婴护理师的必要条件。

本章练习

1. 产妇的入院需准备哪些物品？
2. 产妇产后恶露如何观察与护理？
3. 简述产后抑郁症的疏导方法。

第四章　产褥期饮食调理

产褥期内的饮食调理对于产妇和新生儿都非常重要。由于母体在分娩时体力的消耗、产后出血等使各种营养素的储备都大大消耗，产后大量出汗、恶露的排出也要损失相当多的营养物质，伤口的愈合也需要足够的养分。因此，尽快补充足够的营养素，补益受损的体质，对帮助产妇早日恢复健康，维持新生儿的生长发育都是非常重要的。

第一节　月子饮食原则

孕期的饮食非常重要，产后月子的饮食也同样至关重要，所以产妇在坐月子期间一定要调养好身心的健康，以下是产后月子饮食的五大原则。

一、营养均衡

产后身体恢复得如何，跟产后的饮食是否均衡有很大关系。事实上，日常饮食，除了摄取适宜的肉类之外，还要搭配蛋、海鲜以及蔬菜。蛋类除了含有丰富的蛋白质外，还含有维生素 A、D、E 和铁、磷、钙等。鱼虾等海鲜，不仅热量低，所含的蛋白质较一般肉类为优，是产后绝佳的营养来源。蔬果的好处则是在于它含有多种丰富的矿物质和维生素，是肉类所不及的，产妇不妨多吃，而其所富含的纤维素亦可帮助胃肠蠕动，使排便顺畅。

二、饮食清淡

产后初期的饮食应以清淡、稀薄为宜。所谓清淡，并非指不放盐等调味料或完全不沾荤腥，而是视产妇身体状况而定，例如：产妇若有水肿现象，便应减少盐和调味酱油的摄取量。

产后 5~7 天应以鸡蛋、米粥、面条、软饭、蔬菜等为主，暂勿食油腻之物，如鸡、猪蹄等。产后 5 天若胃消化功能正常，舌苔无厚腻，可进补鸡、肉、鱼、猪蹄、排骨等食物。每日 4~6 餐，但不可食过饱或是过于油腻。

三、补充水分

由于产妇在分娩过程中流失大量水分与血液，因此水分的补充十分重要。利用稀粥、鲜美的汤汁，可以给予产妇充分的营养与水分，不仅能促进母体的康复，又能增加乳汁的分泌量。

四、少食多餐

孕妇分娩后，身体十分虚弱，食欲也不佳，因此，建议采取餐次增加、分量减少的方式，以减轻肠胃负担，同时也有利于营养的吸收。

五、药膳调理

一般认为“药补不如食补”。《神农本草经》记载有一些被称之为“上品”的药材，并指出“上药养命，中药养性，下药治病”。简单地说，上品为补益药，无毒，中品为无毒或微毒，下品为有毒且性烈。而将上品药和食物结合，所研究出来的“药膳”，不但可以改善体质，更具有滋补养生之效，利用中药的药效，可以让产妇的经脉气血得到最适当地调养。

第二节　营养素的平衡

产妇怀孕期间所有营养素都较平时增加，并且增加幅度各不相同。等到生产时，产妇体内的很多营养储备大大消耗。这些消耗的营养储备需要尽快得到补充，否则会对产妇身体不利。

一、什么是营养素

现代科学研究已知有几十种营养素，因其生物化学作用的不同被分为七大类，我们称之为七大营养素，对人体有着重要的作用：

其一是作为能源物质，供给人体所需要的能量（主要是蛋白质、碳水化合物和脂类），被统称为宏量营养素。

其二是作为调节物质，调节人体的生理功能，促进能源物质的消化吸收，主要有维生素、矿物质和膳食纤维等，其中维生素和矿物质合称为微量元素。

这些营养素分布于各种食物之中，只要能均衡膳食，就可以得到。乳妇由于分泌乳汁、哺乳婴儿、恢复体能，需要在正常饮食的同时添加多种营养素。此阶段每天应比正常人多摄入800千卡热量，多增加25克蛋白质及三倍以上含不饱和脂肪酸的脂肪。维生素、矿物质、微量元素均衡的添加则更有助于营养素的全面吸收。

二、蛋白质

（一）为什么需要补充蛋白质

蛋白质是生命的物质基础，含大量的氨基酸，是修复组织器官的基本物质，这些对产妇是十分必要的。产妇产后体质虚弱，生殖器官复原和脏腑功能康复也需要大量蛋白质。除了可促进身体恢复，产妇补充蛋白质，还可提升乳汁的质和量。

（二）需要补充多少蛋白质

产妇每日需要蛋白质90~100克，较正常妇女多20~30克。产妇每日泌乳要消耗蛋白质10~15克，6个月内婴儿对8种必需氨基酸的消耗量很大，所以乳母的膳食蛋白质的质量是很重要的。每日膳食中必须搭配2~3种富含蛋白质的食物，才能满足产妇的营养需要。

（三）哪些食物富含蛋白质

蛋白质含量丰富的食物有鸡蛋、猪瘦肉、鸡肉、兔肉、牛肉、鱼类、豆制品、小米以及豆类等。

动物蛋白中，牛奶、蛋类的蛋白质是所有蛋白质食物中品质最好的，其原因是最容易消化，氨基酸齐全，也不易引起痛风发作。

植物蛋白中最好的是大豆蛋白，大豆中含35%的蛋白质，而且非常容易被吸收，因此大豆蛋白一直是素食主义者最主要的蛋白质来源。豆制品不但可降胆固醇，还可抗癌。大豆蛋白含有丰富的异黄酮，异黄酮是一种类似荷尔蒙的化合物，可抑制因荷尔蒙失调所引发的肿瘤细胞的生长。

三、碳水化合物

（一）碳水化合物的定义

碳水化合物是身体能量的主要来源，是为人体提供热能的三种主要的营养素之一。食物中的碳水化合物分成两类：人可以吸收利用的有效碳水化合物，如单糖、双糖、多糖；人不能消化的无效碳水化合物，如纤维素，是人体必需的物质。建议尽量摄取复合型的糖类，如新鲜水果、蔬菜、全麦、米类及其他谷类。

（二）需要补充多少碳水化合物

膳食中缺乏碳水化合物将导致全身无力，疲乏、血糖含量降低，产生头晕、心悸、脑功能障碍等。严重者会因低血糖导致昏迷。膳食中碳水化合物过少，供应不足，肌体将消耗食物中的蛋白质来作能源。当膳食中碳水化合物过多时，就会转化成脂肪贮存于身体内，使人过于肥胖而导致各类疾病，如高血脂、糖尿病等。

一般说来，正常人每天应至少摄入50~100克可消化的碳水化合物以预防碳水化合物缺乏症，而哺乳期产妇应该比正常人适量多摄入一定量的碳水化合物类食物以满足婴儿的热量需求。

（三）碳水化合物的食物来源

碳水化合物的主要食物来源有：糖类、谷物（如水稻、小麦、玉米、大麦、燕麦、高粱等）、水果（如甘蔗、甜瓜、西瓜、香蕉、葡萄等）、干果类、干豆类、根茎蔬菜类（如胡萝卜、番薯等）等。

四、脂肪

（一）脂肪的定义

脂类是油、脂肪、类脂的总称。食物中的油脂主要是油和脂肪，一般把常温下是液体的称作油，而把常温下是固体的称作脂肪。

（二）脂肪的作用

脂肪在多数有机溶剂中溶解，但不溶解于水。现代人谈脂色变，殊不知脂肪除了是极佳的能量来源之外，还有许多其他的功能：

（1）脂溶性维生素的运送。一些非常重要的维生素需要膳食中脂肪的帮助才能吸收，如维生素 A、D、E、K 等。

（2）与磷结合构成身体完整结构。它与磷脂和固醇一起构成的细胞膜，将细胞与周围环境分隔开。

（3）是神经和脑组织所必需的成分。例如 DHA，二十二碳六烯酸，俗称“脑黄金”，是一种对人体非常重要的多不饱和脂肪酸，属于 Omega-3 不饱和脂肪酸家族的重要成员。这是大脑和视网膜的重要构成成分，在人体大脑皮层中含量高达 20%，在眼睛视网膜中所占比例大，约占 50%。因此，对胎儿及婴儿智力和视力发育至关重要。产妇在孕期及哺乳期出现“孕傻”“一孕傻三年”等现象，就是因为婴儿大脑及神经系统发育的需要，造成乳母营养素过分透支而引发的。

五、维生素

（一）维生素的定义

维生素是人体代谢中必不可少的有机化合物。人体犹如一座极为复杂的化工厂，不断地进行着各种生化反应。维生素是维持和调节机体正常代谢的重要物质。人体内无法大量制造它，而必须依赖食物来补充。

（二）维生素的分类

维生素是个庞大家族，目前所知的维生素就有几十种，大致可分为两类：

1. 脂溶性维生素

脂溶性维生素易溶于脂肪，而不易溶于水，可随脂肪为人体吸收并在体内储积，过量会导致中毒。维生素 A 和 D 主要储存于肝脏，维生素 E 主要存于体内脂肪组织，维生素 K 储存较少。

2. 水溶性维生素

维生素 C、B 族维生素（B_1、B_2、B_6、B_{12}、烟酸、叶酸、泛酸）等水溶性维生素易溶于水而不易溶于脂肪，可通过循环被肠道吸收，体内储存很少，过量的多从尿中排出，所以需要每天补充。

（三）维生素对产妇的重要性

母乳中脂肪酸、磷脂和脂溶性维生素的含量受产妇膳食摄入量的影响。当产妇膳食中维生素 A 丰富时，则乳汁中也会有足够量的维生素 A，而水溶性维生素受产妇膳食的影响较小。产妇乳汁中如果缺乏维生素 A，就会使婴儿生长发育缓慢，眼部、呼吸道、泌尿系统的健康发育都会受到影响。

维生素 B_1 能维持产妇心脏、胃肠的正常功能，增强肌力，促进血液循环，增大乳汁分泌量，还有增进食欲作用。若乳母膳食中维生素 B_1 缺乏，则会导致乳汁中缺乏维生素 B_1，从而影响到婴儿。含 B 族维生素的食物可以帮助许多营养素转化成能量，是产妇和婴儿不可缺少的维生素。

（四）维生素的食物来源

1. 维生素 A

胡萝卜、西红柿、鸡蛋、牛肝和猪肝、鱼肝油、牛奶、奶酪、黄油、菠菜、莴苣、大豆、青豌豆、橙子、杏等。

2. 维生素B

酵母、黑麦面包、燕麦、土豆、青豌豆、四季豆、黑李干、核桃、榛子、牛奶、菜花、西红柿、糠、鱼肝油、猪肉、火腿等。

3. 维生素C

柑橘、西红柿、青椒、草莓、卷心菜、土豆等。

4. 维生素D

牛奶、奶渣、酸牛奶、蛋黄、蘑菇、酵母、鱼、鱼肝油等。

5. 维生素E

橄榄油、亚麻油、蛋黄、生菜、辣椒、牛奶、小麦面包、白菜、花生等。

六、矿物质

（一）矿物质的定义

矿物质是人体内无机物的总称。矿物质和维生素一样，是构成人体组织、维持生理功能、生化代谢所必需的元素。矿物质是无法自身产生、合成的。每天矿物质的摄取量也是基本确定的，但随年龄、性别、身体状况、环境、工作状况等因素有所不同。

（二）矿物质的种类

人体所需矿物质种类很多，婴儿营养方面最重要的矿物质有钙、铁、锌等。矿物质的缺乏容易造成免疫力低下、发育迟缓等，故必须注意食物中的摄入。

（三）产妇缺乏矿物质的症状

如果产妇严重缺钙，会引发婴儿骨骼发育障碍，产妇本身也会因缺钙而患骨软化症。铁是造血的重要原料，与婴儿生长发育关系极为密切，对于产妇身体复原也极为重要。如果母体严重缺锌，会造成婴儿生长发育停滞、身材矮小、神经系统发育不健全，以及产妇创伤不易愈合等。碘是婴儿生长发育不可缺少的成分，严重缺碘可使小儿患呆小症，同时产妇可患甲状腺肿大（大脖子病）。

（四）矿物质的食物来源

1. 钙

虾皮、小杂鱼、排骨、奶类、豆类、芝麻酱等。

2. 铁

绿色蔬菜、动物性食物和动物血。

3. 锌

猪肉、牛肉、羊肉等。

4. 碘

各种海产品如海带、紫菜、蛤蜊等。

七、纤维素

（一）纤维素的定义

人类膳食中的纤维素主要存在于蔬菜和粗加工的谷类中，虽然不能被消化吸收，但有促进肠道蠕动，利于粪便排出等功能。食物纤维素是一种不被消化吸收的物质，过去认为是“废物”，2013 年认为它在保障人类健康，延长生命方面有着重要作用。因此，被称为第七种营养素。

（二）纤维素的好处

食用高纤维的食物可以降低患肠癌、糖尿病和憩室病的可能性。纤维可以吸收水分，因此它可以使食物残渣膨胀变松，更容易通过消化道，从而有效改善便秘。

经常食肉者的饮食中纤维的含量很低，这会将食物在肠道中停留的时间增加到24~72小时，在这段时间内，有一些食物可能出现变质。当一些食物特别是肉类变质时，会产生致癌物质并引起细胞变异。食用富含膳食纤维的食物可以促进胃肠蠕动，减少食物残渣在体内停留的时间。

（三）纤维素的食物来源

膳食纤维在水果、蔬菜、小扁豆、蚕豆以及粗粮中的含量较高。

每日膳食纤维的理想摄入量不少于35克。如果食物选择得恰当，不需要进行额外的补充。

第三节 月子饮食调理

一、产后调理的重要性

产后是女人调理体质的重要时机，这个阶段，母体经过分娩时的产伤出血、生产时用力、出汗而致阴血骤虚、元气耗损，因此需要一段复原的时间。充分的休息及充足的营养，不仅可帮助产妇恢复体力，同时也可让身体因经历生产而损耗的器官得到康复。然而，刚生产完，恶露尚未干净，身体尚很虚弱，不当的进补反而会导致恶露淤血停滞，容易给产妇带来腰酸背痛、皮肤松弛、老化，内脏、子宫、膀胱下垂等后遗症。

中医认为：产后调理进补，应依各阶段需求适当进补，根据体质进补调理，并注意生活起居。所以，母婴护理师应协助产妇把握产后改变体质的好机会，从饮食和生活习惯上协助其调理好身体。

二、产褥期不同阶段的调理

（一）生新血、化淤血

这个阶段通常指产后3~5天，此时产妇身体比较虚弱，多吃些补充气血的东西，比如鸡蛋、小米、面条、少量的红糖，这些看似清淡的食物更适合这一阶段的产妇。一味地追求下奶而大量食用油腻的东西，会给产妇的消化系统带来负担。

中医认为，这一阶段产妇的体质属“多虚多淤”，药补的特点即是“祛淤补虚”，这时候服用“生化汤”，可以帮助产后妇女生新血化淤血，并助子宫收缩及恶露的排出。然而，产妇不宜吃太多，自然产的产妇约服用生化汤十帖左右，剖宫产的产妇因妇产科医师已经将子宫内血水清干净，只要服七帖生化汤就可以了。哺喂母乳的产妇，服用生化汤还有促进乳汁分泌的功效，产妇最好在喂奶的前半小时服用生化汤，以促进乳汁分泌得更顺畅。

（二）补气血、养肝肾、壮脾胃

这个阶段通常指产后 5~7 天，这阶段的产后调理重点是帮助子宫内膜的修复、恢复子宫卵巢韧带的弹性、调整身体水分的代谢，进而达到塑身效果。这阶段若调理不当，极易出现子宫下垂、尿失禁、水分滞留及身材走样的后遗症。

一般的顺产产妇体质均有比较大的恢复，基本可以进食相对油腻的东西，而且她们本身也对这些东西有了较为明显的需求。这个时候可以适当吃些鸡汤、鲫鱼汤、骨汤，这些汤富含蛋白质，易于被产妇吸收，且易于乳汁的分泌。

（三）补腰肾、壮筋骨

这个阶段通常指产后 7~30 天，其作用在促进卵巢功能的恢复，调理荷尔蒙的分泌，并帮助骨盆复原，减少产后腰酸背痛和掉发的困扰。很多产后妇女都忽略补腰肾、壮筋骨这个最后的重要阶段，导致生过孩子后常腰酸背痛、掉头发，甚至还会月经失调。

在保持之前两个阶段食谱的基础上，可适当进补，但要注意不能食用寒凉、辛辣、刺激的食物。为了补充维生素和缓解便秘，可以吃一些常温的新鲜水果，如苹果、橘子、香蕉，吃前可用热水烫一会儿（切忌煮）。

三、不同体质产妇的饮食调理

人的体质有虚、实、寒、热之不同，食物也有其寒、热、温、凉、平之不同，中医讲究“辩证论治”，每位产妇的体质亦皆有差异，饮食与药材也应随之匹配才可达到事半功倍之效果。产妇常见的体质主要有6种：

（一）气血两虚型

1. 体质表现

气虚的症状有产后头晕、神疲乏力、不想说话；血虚的症状则表现为失眠、心悸、头晕眼花。如果只是血虚的话，会出现突然头晕目眩、面色苍白、心悸、四肢发冷、汗出淋漓，严重者昏迷、不省人事等症状。

2. 适合进补食物

（1）血虚。

由于分娩过程中失血，产妇可能出现血虚的症状，表现为睡不好觉、心悸、头晕眼花。此时可以用15~20克当归，加上龙眼和红枣，用水煎后服用。

（2）气虚。

有些产妇在产后头晕、神疲乏力、不想说话，这是气虚的症状。如果感觉气虚较严重，可以用人参10克煎水服用。如果气虚的症状较轻，可以用10~30克党参煎水服用；或将党参、红枣一起炖鸡吃。如果产妇产后气虚，并伴随出汗的症状，可以用党参10~30克加黄芪10~20克，一起煎水服用。如果表现为气血两虚，也可以用党参加红枣、龙眼进补。党参可补中、益气、养血，是治疗气血两虚的不错选择。

（3）腹痛。

气虚、血虚会造成有些产妇产后腹痛。中医认为，这可能是因为体内有淤血所致，此时可服用益母草膏或益母草冲剂活血祛淤。此外，还可以用10~15克山楂煎水，再加些红糖服用。其中山楂可以活血散淤，红糖可以益气补血、缓中止痛。

（4）食疗方。

花生猪蹄汤：花生性味甘平，入肺脾经，其功能益气、养血、和胃。猪蹄补血通乳，主治产妇产后乳汁缺乏。

①主料：猪蹄 500 克。

②辅料：花生 50 克、盐 2 克。

③制作步骤：将猪蹄刮洗干净与花生同煮，先用大火煮沸，再用小火煎煮 2 小时以上，以猪蹄熟烂为度。食用时可酌加食盐调味。

（二）痰湿中阻型

1. 体质表现

肥胖、脾胃失调的产妇多数是这种体质，可表现为眩晕耳鸣、食欲不振、乏力少气，手、面肿胀及小便清长等症状。

2. 适合进补食物

这一类型的产妇可多喝鲫鱼汤，少喝猪蹄汤和鸡汤。另外，可吃点陈皮、苍术、白术等具有健脾化湿功效的食材。

3. 食疗方

鲤鱼汤是一款家常汤品，制作简单。主要食材是鲤鱼，主要的烹饪方式是炖。成品香味扑鼻，汤汁鲜美，有温阳化水，利尿消肿之功。具体做法如下：

①主料：鲜鲤鱼 1000 克。

②配料：葱白 15 克、荜茇 5 克、料酒 10 克、川椒 10 克、味精 1 克、生姜 15 克、醋 15 克、香菜 30 克、精盐 10 克。

③制作步骤：

· 将鲜鲤鱼去鳞鳃、内脏，洗净，切成 3 厘米的小块；将葱、姜拍破。

· 将荜茇、鲤鱼、葱、姜、川椒、精盐、料酒放入锅内加水适量，置武火烧沸，移文火上炖熬约 40 分钟。

· 加入醋和味精后，即可出锅。

④注意事项：适当多加清水，让汤保持滚沸，成菜汤如奶，味道鲜美。

（三）肾虚型

1. 体质表现

产后腰酸背痛，有时膝盖也会酸痛，屈伸不利，腿脚无力，脚跟痛，头晕耳鸣，眼眶黯黑，夜尿频多，脉象沉细。从中医上看，腰为肾之府，也就是说腰是肾的所在地。肾经从脚后跟的地方穿行过，平时就肾气不足的人，生产会进一步耗损肾气，耗伤精血，从而导致上述症状。

2. 适合进补食物

建议患者适当吃些补益气血、温补肾阳的食物，如山药、枸杞以及黑豆、黑木耳、黑芝麻等黑色食物，以促进肾气的恢复；少吃盐，太咸的食物会损伤肾气。

中医认为，黑色入肾，所以说黑芝麻、黑豆、黑米都是养肾佳品，尤其是黑芝麻，补肾养发效果很好，另外，核桃仁也是不错的选择。

（1）海参。

海参是零胆固醇的食品，蛋白质含量高，适合产后虚弱、消瘦乏力、肾虚水肿及黄疸者食用。海参为孕产妇提供全面的营养保障，能增强体质，快速有效恢复体能和体力，同时也能为婴儿的发育提供丰富的营养物质。

（2）黑米。

黑米所含锰、锌、铜等无机盐比大米高 1~3 倍；更含有大米所缺乏的维生素 C、叶绿素、花青素、胡萝卜素及强心甙等特殊成分，因而黑米比普通大米更具营养。多食黑米具有开胃益中，健脾暖肝，明目活血，滑涩补精之功，对于少年白发、妇女产后虚弱，病后体虚以及贫血、肾虚均有很好的补养作用。

（3）桑葚。

“桑葚者，桑之精华所结也”。中医认为，桑葚味甘酸，性寒，具有补肝益肾、养血生津的作用。桑葚所含的铁和维生素 C 很高，所以是补血佳品，无论生食、浸酒，或作汤剂都可以。妇女产后出血、体虚体弱者宜食桑葚，神经衰弱和失眠人士，气血往往比较虚弱，因此也适合食用桑葚。

（4）羊肉。

羊肉，古时称羊肉为羝肉、羯肉。它既能御风寒，又可补身体，对一般风寒咳嗽、慢性气管炎、虚寒哮喘、肾亏阳痿、腹部冷痛、体虚怕冷、腰膝酸软、面黄肌瘦、气血两亏、病后或产后身体虚亏等一切虚状均有治疗和补益效果。

（5）龙眼。

龙眼有壮阳益气、补益心脾、养血安神、补肾养肾、润肤美容等多种功效，可治疗贫血、心悸、失眠、健忘、神经衰弱及病后、产后身体虚弱等症。现代医学证明，它还有美容、延年益寿之功效。

（6）猪腰。

猪腰即猪的肾脏，中医认为，猪腰性味咸、平、无毒。入肾经，有健胃、益精、补髓之功，能补益肾气，增强记忆力，可治肾虚腰痛、精力不足、身面水肿、遗精盗汗、产后虚汗、老人耳聋等。

（四）血淤型

1. 体质表现

产后出血量较少，伴有小腹疼痛、胸部憋闷、恶心呕吐、神昏口闭，以及面、唇、舌色紫暗等症状。

2. 适合进补食物

（1）桂枝山楂红糖汤。

桂枝 10 克、山楂肉 30 克，加水 300 毫升，文火煎取 200 毫升，加红糖 20 克，复煎片刻，即可饮用。每日 1 做，分 2~3 次温服。

（2）艾叶米酒鸡蛋汤。

艾叶 10 克，洗净切断，与鸡蛋 2 个加水同煮，鸡蛋熟后去壳，复入原汁内，加米酒 100 毫升，烧煮片刻，吃蛋饮汤，每日 1 次。

（3）川芎糖茶。

川芎 30 克、红糖 30 克，加水 400 毫升，煎至 300 毫升，去渣取汁代茶，每日 1 剂。

（4）桃仁莲藕汤。

桃仁10克，莲藕250克。莲藕洗净切片；桃仁打碎。将打碎的桃仁、莲藕放锅内，加水500毫升煮汤。酌加适量红糖或食盐调味即可。适用于妇女产后血淤发热。

3. 食疗方

此类产妇可喝生化汤，吃猪脚姜、黄酒煮鸡、客家酿酒鸡等；还可用益母草煮鸡蛋或煮红枣水。

益母草煮鸡蛋的做法具体如下：

①主料：鸡蛋两个。

②配料：益母草、丹参、龙眼肉各适量。

③制作步骤：

· 先将益母草择去杂质，清水洗净，用刀切成段，沥干水。

· 把鸡蛋全部放入水中，逐一清洗干净。

· 将益母草、鸡蛋下入锅内，加水同煮，20分钟后鸡蛋熟，把外壳去掉，再放蛋在此汤中煮15~20分钟即成。

（五）肝气郁滞型

1. 体质表现

性格内向或出现产后抑郁症的产妇，情志抑郁，胸胁或少腹胀，善叹息，或见咽部异物感，或颈部瘿瘤，或胁下肿块，舌苔薄白，脉弦。

2. 适合进补食物

这类产妇可喝些玫瑰花、茉莉花、佛手等花茶，以舒缓情绪。另外，用鲫鱼、通草、丝瓜络煮汤，或猪蹄、漏芦煮汤，可达到疏肝理气通络的功效。

通草有通乳汁的作用。通草与消肿利水、通乳的鲫鱼、豆芽共煮制汤菜，具有温中下气、利水通乳的作用，主治产后乳汁不下以及水肿等症。

3. 食疗方

鲫鱼通草汤，汤鲜美，鱼嫩、清口。其具体做法如下：

①原料：鲜鲫鱼1尾，黑豆芽30克，通草3克。

②配料：精盐适量。

③制作步骤：

· 将鲫鱼去鳞、鳃、内脏，洗净；黑豆芽洗净。

· 锅置火上，加入适量清水，放入鱼，用文火炖煮15分钟后，加入豆芽、通草、精盐，等鱼熟汤成后，去豆芽、通草，即可食鱼饮汤。

（六）湿热型

1. 体质表现

面垢油光，多有痤疮粉刺，常感口干口苦、眼睛红赤、心烦懈怠、身重困倦，小便赤短、大便燥结或黏滞。

2. 食疗方

此类产妇可喝豆腐丝瓜汤等具有清热功效的汤水。丝瓜善于清热化痰，对咳嗽痰多、痰稠色黄的热咳者尤为适宜。这是由于丝瓜的植物黏液里含有的皂素具有化痰的功效。

3. 丝瓜豆腐汤的做法

①主料：丝瓜250克，豆腐（南）250克。

②调料：盐3克，植物油25克。

③制作步骤：

· 将丝瓜洗净，切块。

· 嫩豆腐洗净，切块备用。

· 在锅内放入适量植物油，烧热，下丝瓜煸炒片刻加适量清水煮沸。

· 开锅后，下嫩豆腐再煮沸一会儿，调味即可。

第四节　月子食谱宜与忌

一、月子餐饮食“四宜”

（一）精

“精”是指量不宜过多，具体注意事项如下：

（1）产后过量的饮食不利于产后身材的恢复。如果是母乳喂养，奶水很多，食量可以比孕期稍增最多 1/5 的量；如果奶量正好够婴儿吃，则与孕期等量亦可。

（2）饮食要富含蛋白质，如：鸡、鱼、瘦肉、动物肝脏、豆类、牛奶等。

（3）多吃含钙丰富的食物，如：牛奶、虾皮、芝麻酱、黄豆、豆腐；多吃含铁丰富的食物，如：动物血或肝、瘦肉、鸡蛋、鱼类、油菜、菠菜及黄豆等。

（4）少食多餐。

（二）杂

“杂”是指食物品种多样化，具体注意事项如下：

（1）产后饮食虽有讲究，但忌口不宜过多。进食的品种越丰富，营养也就越均衡和全面。

（2）除了明确对身体无益的和吃后可能会过敏的食物外，荤素菜的品种应尽量丰富多样。

（3）主副食种类多样化，如：小米、薏米、玉米面、红豆、荞麦、紫米等，多吃蔬菜、水果和海藻类。

（4）少吃寒性的水果，如：梨、西瓜、猕猴桃等。香蕉、橘子、山楂、红枣、桂圆都可食用。

（5）合理摄取必需的脂肪。

（三）“稀”

“稀”是指水分要多一些，具体注意事项如下：

（1）乳汁的分泌是产妇产后水的需要量增加的原因之一。此外，产妇大多出汗较多，体表的水分挥发也大于平时。因此，产妇饮食中的水分可以多一点，如多喝汤、牛奶、粥等。

（2）如为顺产，产后稍稍休息后即可进第一餐，以易消化的流食或半流食为主。如果胃肠消化功能较好，第二餐可以进食蒸蛋羹、糖水蛋、细挂面汤、排骨汤等。

（四）“软”

“软”是指食物烧煮方式应以细软为主，具体注意事项如下：

（1）产妇的饭要煮得软一点，少吃油炸及坚硬带壳的食物。

（2）因产妇产后体力透支，很多人会有牙齿松动的情况，过硬的食物对牙齿、牙龈也有损伤。

（3）软的食物相对来说更方便消化吸收，可以减轻肠胃负担，过硬的食物则不利于消化吸收。

二、月子饮食禁忌

（一）忌生冷

忌食寒凉生冷食物。产后身体气血亏虚，应多食用温补食物，以利气血恢复。若产后进食生冷或寒凉食物，会不利于气血的充实，容易导致脾胃消化吸收功能障碍，并且不利于恶露的排出和淤血的去除。

（二）忌辛辣

忌食辛辣温燥食物。如韭菜、蒜薹、辣椒、胡椒、茴香、酒等食物，这些易使产妇内热上火，口舌生疮，大便秘结或痔疮发作。婴儿吃奶后会引起口腔炎、流口水等毛病。所以，以上辛辣之品作为调料不能多吃。

（三）其他饮食禁忌

（1）忌食酸涩收敛食品，如乌梅、莲子、柿子、南瓜等，以免阻滞血行，不利于恶露排出。

（2）忌食过咸食品，易致水肿。但也不可忌盐，因产后尿多、汗多，身体盐分丢失较多。

（3）忌食过硬、不易消化的食物，易导致消化不良。

（4）忌食过饱：产妇胃肠功能较弱，过饱会妨碍其消化功能。产后应做到少食多餐，每天可进食5~6次。

（5）忌食刺激性食品：浓茶、咖啡、酒精，会影响产妇睡眠及肠胃功能，也会通过乳汁进入婴儿体内，影响婴儿的睡眠及健康发育。

三、产后中医调理

（一）月子常用补益中药材

1. 当归

（1）性味归经。性甘、辛、温。归肝、心、脾经。

（2）功能主治。补血；活血；调经止痛；润燥滑肠。主治血虚诸证、虚寒腹痛。

（3）使用方法：

①产后血胀（腹痛牵引到胁痛）。用当归两钱、炮干姜五分，研细，每服三钱，加水一碗，煎至八成，放少许盐醋，热服。

②产后腹痛如绞。用当归末五钱，白蜜一合，水一碗，共煎，分两次服。无效时，再服一剂。

③产后自汗、大热、气短、腰脚剧痛。用当归三钱，黄芪、白芍药各两钱，生姜五片，加水一碗半。煎至七成，温服。

2. 黄芪

（1）性味归经。性甘、微温。归肺、脾、肝、肾经。

（2）功能主治。黄芪有增强机体免疫功能、保肝、利尿、抗衰老、抗应激、降压和较广泛的抗菌作用。能消除肾炎蛋白尿，增强心肌收缩力，调节血糖含量。黄芪不仅能扩张冠状动脉，改善心肌供血，提高免疫功能，而且能够延缓细胞衰老的进程。

（3）药膳方：

①产后失眠：当归黄芪乌鸡汤。

·原料：乌鸡肉 250 克、当归 15 克、黄芪 20 克。

·做法：乌鸡肉洗净切块，当归、黄芪洗净，一齐置瓦锅内，加水适量，文火煮熟。调味即可食用。

·营养价值：气血双补、固肾调精。当归的补血，黄芪的补气，再加上乌鸡的滋阴补肾之效，可使产妇气血调和，皮肤滑润白皙，富有光泽。

②体虚易感冒：参芪大枣粥。

·原料：黄芪 15 克、党参 10 克、大枣 30 克、粳米 100 克。

·做法：黄芪、党参煎水取汁，与后二者一同煮粥食。

·功效：本方以黄芪、党参补脾益气，用大枣协同奏效。适用于脾虚气弱，体倦乏力，自汗，饮食减少，易于感冒的产妇。

3. 枸杞

（1）性味归经。性甘，平。归肝、肾、肺经。

（2）功效主治。滋补肝肾，明目，润肺。用于肝肾阴虚、头晕目眩、视力减退、腰膝酸软及阴虚劳嗽。因能滋阴润燥，故脾虚便溏者不宜服。

（3）使用方法。

①补肾：枸杞羊肾汤：枸杞子 30 克，羊肾一对，加水及调料后熬炖，喝汤吃肾。枸杞的补虚作用重点在补肾，治肾虚腰痛疗效显著，宜佐餐常用。

②安神：枸杞桂圆粥：取枸杞 10 克，桂圆肉 15 克，红枣 4 枚，粳米 100 克，洗净加水熬粥食用。此方对血虚失眠效果较好。宜常食。

4. 红枣

（1）性味归经。性甘，温。归脾、胃经。

（2）功效应用：

①补中益气：中气不足症（大枣粥、参枣丸、益脾饼）。

②养血安神：主治血虚症、脏燥症（甘麦大枣汤）。

③缓和药性：与烈药同用时，可以缓和药性。

5. 百合

（1）性味归经。性甘、寒。归肺、心经。

（2）功效应用：

①润肺止咳：主治肺热久咳，痰中带血及劳热咳血等症。

②清心安神：可治热病之后，余热未清、虚烦不安、失眠多梦等症。

6. 甘草

（1）性味归经。性甘，平。归脾、胃、心、肺经。

（2）功效应用：

①补脾益气：可治脾胃虚弱、中气不足、气短乏力、食少便溏。

②润肺止咳：可治咳嗽气喘，不论寒热虚实，皆可应用。

③缓和药性：可用于缓解某些药物的毒性和烈性，并用以协调药物间的联合作用。

7. 陈皮

（1）性味归经。味辛、苦，性温。归脾、胃、肺经。

（2）功效应用：

有理气和中、燥湿化痰、利水通便的功效，主治脾胃不和、脘腹胀痛、不思饮食、呕吐哕逆、痰湿阻肺、咳嗽痰多、胸膈满闷、头目眩晕、水肿、小便不利、大便秘结、乳痈疮癣等症。

8. 杏仁

（1）性味归经。味苦、性微温，有小毒。归肝、大肠经。

（2）功效应用：

①止咳平喘：风寒或风热咳嗽，燥热咳嗽，肺热咳喘。

②润肠通便：肠燥便秘症。

（3）使用方法：

①炒杏仁：经炒后微去油脂，苦性减缓，多用于体虚脾弱者之咳

喘症。

②杏仁霜：除去油脂，几无润肠通便作用，多用于大便易动者的咳喘症，本品苦温泄肺，不宜于阴虚咳嗽或虚咳之症。

9. 通草

（1）性味归经。性甘、淡，微寒。归肺、胃经。

（2）功效应用：清热利水，通乳。

（3）主治：用于小便不利，淋沥涩痛，产后缺乳。

10. 漏芦

（1）性味归经。味苦，性寒。归胃经。

（2）功效应用：清热解毒，消痈散结，通经下乳。

（3）临床应用：

①用于痈肿疮毒、乳痈肿痛。漏芦苦寒泄，故有清热解毒、消痈散结之效，尤为治乳痈之良药。

②用治乳痈肿痛，常与瓜蒌、贝母、蒲公英等药同用，用于乳房胀痛、乳汁不下。

③漏芦味苦降泄，有通经下乳之功，故可用于乳络壅滞、乳汁不下、乳房胀痛等症，常与穿山甲、王不留行等药同用。

④用量、用法：3~12 克，煎服。

11. 桔梗

（1）性味归经。味苦，辛，平。归肺经。

（2）功效应用：

①宣肺祛痰：主治风寒、风热咳嗽及痰阻气滞、咳嗽胸闷。

②排脓：可治肺痈吐脓、咳喘胸痛，常配生甘草、鱼腥草、金荞麦。

③利咽：用治咽痛音哑，常配生甘草、蝉蜕、牛蒡子。

（3）用量用法：3~10 克，煎服。

（二）产褥期常见不适症状调理

1. 体虚

分娩时失血过多、用力、疼痛、创伤，都会导致产妇气、血、津液的耗损。中药膳食可以帮助产妇尽快恢复体力。可以在中医的指导下，选用党参、黄芪、当归、麦冬、枸杞、山药、桂圆、核桃仁、黑芝麻、莲子等煮粥或煲汤喝。

2. 眩晕

分娩时产妇用力伤气和失血过多，使血液不能送达脑部而感到头晕目眩，有时还会伴有食欲不振、恶心、发冷、头痛等症状。一般在产后几天内，随着气血逐渐恢复会慢慢好转。

服用药膳：黄芪羊肉。取羊肉 500 克洗净切片，黄芪 50 克、当归 50 克、大枣 10 个、生姜 1 块，用慢火炖烂，吃肉喝汤。

3. 多汗

由于产后需要排出体内积存的大量水分，所以产妇出汗是正常的。但如果出汗过多，感觉到口干舌燥，或者超过一周仍然汗出不止，说明是气虚不能固表。

服用药膳：浮小麦羊肚汤。即取浮小麦 50 克用纱布包好，羊肚 200 克切片，加水后放在一起煮熟，喝汤吃肚片，会起到一定效果。

4. 乳房肿痛

很多产妇都会遭遇乳房胀痛、乳汁结块排乳不畅、发烧和怕冷。如果未能及时治疗，就会继续发展成乳房脓肿。

服用药膳：中药粥，方法是蒲公英 60 克、金银花 30 克先煎汤，再下粳米 150 克在汤中熬成粥，不拘时喝。

5. 便秘和痔疮

产后长期卧床很容易发生便秘，引起痔疮。加上分娩时会阴伤口的疼痛，很多产妇一想到排便就会有一种恐惧感，也促使便秘形成一个恶性循环。

服用药膳：取核桃仁 5 个捣烂；桃仁 20 克去皮捣烂；黑芝麻 20 克炒熟研烂；蜂蜜 50 毫升（找到两样以上即可，配齐更好），与适量粳米煮粥，早晚喝。

6. 小便不利

产后气虚，导致产妇排尿功能障碍，发生排尿困难，或小便次数增多，或排尿不能自行控制。

调理方法：母婴护理师可以用温热的生理盐水帮助产妇冲洗外阴，并对其小腹施以按摩，并点按关元穴（肚脐下三寸）。

四、月子餐常用食材

（一）小米：开胃消食、滋阴养血

1. 营养成分

小米中含有丰富蛋白质、脂肪、纤维素、钙、铁、胡萝卜素等营养成分。

2. 产妇保健功效

中医认为，小米性味甘咸，有清热解渴、健胃除湿、和胃安眠的功效。《本草纲目》说，粟米“治反胃热痢，煮粥食，益丹田，补虚损，开肠胃”。发芽的小米和麦芽一样，含有大量酶，是一味中药，有健胃消食的作用。现代医学认为，小米有防治消化不良、反胃、呕吐、滋阴养血的功效，可以使产妇虚寒的体质得到调养，帮助她们恢复体力。

3. 最佳食用方法

对于产褥期的产妇来说，小米的最佳食用方法就是熬做小米粥。小米粥素有“代参汤”之美称，可单独熬煮，也可添加红枣、红豆、红薯、莲子、百合等。小米还可磨成粉，制成糕点，作为产妇的饭后小点心。

（二）红糖：化淤镇痛、促进恶露排出

1. 营养成分

红糖中的热量与精制的糖相近。红糖中的微量元素含量较精制的糖高，其中含钙量约是白糖的10倍，含铁量约是白糖的3.6倍。此外，它还含有胡萝卜素、维生素 B_2 及烟酸等。

2. 产妇保健功效

中医认为，红糖具有益气、缓中（指缓和胃肠的不适）、助脾化食、

补血破淤和散寒止痛的作用。产妇每天食用适量的红糖，不仅可以增加身体需要的多种营养，而且还有补血、益气之功效。女性因受寒体虚所致的痛经等症喝些红糖水往往改善效果显著。

3. 最佳食用方法

红糖甜度高，风味独特且能增加色泽，适合制作生姜汤，红糖糕等深色的茶汤或点心，不但可以增加香气，使料理色泽更加红润诱人，还能增添营养与健康。红糖虽好，但不能吃过久，产后一般吃红糖 7 天左右，最好不超过 10 天。

（三）醪糟：补气、生血、活络、通经、润肺

1. 营养成分

富含碳水化合物、蛋白质、B 族维生素、矿物质等，这些都是人体不可缺少的营养成分。B 族维生素有促进乳汁分泌的作用。醪糟里含有少量的酒精，有促进血液循环，帮助消化及增进食欲的功能。

2. 产妇保健功效

产后食用酪糟有活血化痕、补血生血以及通乳、增进食欲、调经、补肾虚，治疗虚劳泄泻、腰疼的功效。

中医认为产妇生孩子时气血大耗，阴液耗损，食用一些醪糟可以补血行气，避免产后气血两虚、头晕乏力、眼花、出虚汗及恶露不下或下之甚少等不适。现代医学也证实产后食用醪糟既可预防产后关节疼痛等诸多疾病，又能够通经活血，温补脾胃，促进乳汁分泌。

知识拓展

常食用醪糟的地方一般都是沿海地区，日常食用海鲜的量很大，海鲜吃多了往往比较寒凉，所以利用醪糟的热性可以调节海鲜的寒凉。至于其中的酒精成分，由于醪糟并不是一般意义上的酒精饮品，在加热蒸煮的过程中，酒精成分已挥发得差不多了，而发酵所产生的多种氨基酸维生素被保留下来，具有特殊的营养价值。

3. 最佳食用方法

鸡蛋米酒——产妇的最佳食品。

①材料：鸡蛋1枚，米酒100克，红糖少许。

②做法：

·将适量水放入锅内，加热自水开始起泡时打入鸡蛋，水开时再放入米酒煮至蛋熟，除去表面泡沫，加入红糖，待糖完全化开后盛出即可。

·先放2碗米酒加1碗水在锅中煮开。趁锅中沸腾时，将鸡蛋液倒进（注意蛋液从碗中倒出时要保持细细的一股，按顺时针方向均匀地倒完，这样，锅中就有金黄完美的鸡蛋花了），煮开即可饮用。

知识拓展

醪糟的制作方法

（1）把糯米5000克用清水淘洗干净，泡1小时后，倒出沥干。

（2）在蒸笼内铺好纱布，把沥干的糯米倒在上面，用旺火蒸1小时后，倒入盆内，用电扇把米温吹降到20℃~40℃时（根据酒曲的品种不同，糯米的产地不同，甚至纬度不同温度都会有差异），再将适量的凉开水倒入盆内，用手拌匀。将酒曲研成粉末放入盆内，再一次拌匀。

（3）将拌匀的糯米倒入缸内，用手在中间掏一个小窝，再将余下的酒曲粉末加少许凉白开水，洒在表面。然后用木盖把缸盖密封紧，3天即成醪糟。

（四）鸡蛋：除热、消肿、滋阴润燥，养心安神

1. 营养成分

鸡蛋是众所周知的营养食品，其所含的蛋白质为完全蛋白质。而蛋白质中主要为婴幼儿成长需要的卵白蛋白和卵球蛋白，与人体蛋白质组成相近，吸收率高。鸡蛋中还含有多种矿物质，铁的含量较牛奶丰富，所以是老人、儿童、孕产妇及病弱患者的理想食物。

2. 产妇保健功效

鸡蛋由卵黄和卵白两部分组成，李时珍在《本草纲目》中有云：“卵

白，其气清，其性微寒；卵黄，其气浑，其性温。精不足者，补之以气，故卵白能清气，治伏热，目赤，咽痛诸疾。形不足者，补之以味，故卵黄能补血，治下痢，胎产诸疾。”

（1）健脑益智。

鸡蛋中含有卵磷脂、卵黄素和甘油三酯，对神经系统和身体发育有很大的作用，可减缓老年人的智力衰退，改善各个年龄组的记忆能力。

（2）保护肝脏。

鸡蛋中的蛋白质，对肝脏组织的损伤具有修复作用。蛋黄中含有的卵磷脂可促使肝细胞的再生，还可以提高人体血浆蛋白量，增强机体的代谢功能和免疫功能。

（3）延缓衰老。

鸡蛋是人类比较理想的营养来源，可以补充人体所需的矿物质和微量元素。不少长寿老人的延年益寿的经验之一，就是每天必吃一个鸡蛋。

3. 最佳食用方法

鸡蛋的吃法多种多样，就营养的吸收和消化率来讲，煮蛋为100%，炒蛋为97%，嫩炸为98%，老炸为81.1%，开水、牛奶冲蛋为92.5%，生吃为30%~50%。由此来看，煮鸡蛋是最佳的吃法，但要注意细嚼慢咽，否则会影响吸收和消化。不过，对婴儿和产妇来说，还是蒸蛋羹、蛋花汤最适合，因为这两种做法能使蛋白质松解，极易被消化吸收。

（五）鸡：健脾、补虚、强筋、美容

1. 营养成分

鸡肉中含有丰富的蛋白质、水分、脂肪、碳水化合物以及磷、铁、钙、矿物质等，还含维生素A、B族维生素、维生素D、维生素E和烟酸等。

2. 产妇保健功效

中医认为，鸡肉有温中益气、补虚填精、健脾和胃、活血通脉、强筋骨的功效，是补血益气、滋补身体的佳品。鸡肉是膳食结构中脂肪和磷脂的重要来源之一，对营养不良、畏寒怕冷、乏力疲劳、月经不调、贫血、

虚弱等症有很好的食疗作用。鸡胸脯肉中含有较多的 B 族维生素，具有消除疲劳、保护皮肤的作用；鸡腿肉中含有较多的铁质，可改善缺铁性贫血；鸡翅膀中含有丰富的骨胶原蛋白，具有强化血管、肌肉、肌腱的功能。

3. 最佳食用方法

鸡肉可以热炒、炖汤、凉拌。鸡汤内含角质蛋白、肌肽、肌酐和氨基酸等，不但味道鲜美，而且易于消化吸收，对产妇身体大有补益。

（六）鲫鱼：补虚通络、利水消肿

1. 营养成分

鲫鱼含有蛋白质、脂肪、碳水化合物、钾、钠、钙、铁及硫胺素、核黄素、烟酸及维生素等。

2. 产妇保健功效

鲫鱼除了作为日常家居食品外，更有丰富的药效。中医认为，鲫鱼甘平而温，入脾、胃二经，非常利于身体的吸收并发挥作用。

研究发现鲫鱼自身含有的多种营养成分，对女性胸部具有丰满和保健的特殊效果。产妇食用鲫鱼，可起到增加乳汁分泌，增强机体免疫力，预防多种疾病的功效。

3. 最佳食用方法

鲫鱼肉嫩味鲜，红烧、干烧、清蒸、炖汤均可，尤其适合做汤。鲫鱼汤不仅味香汤鲜，而且具有较强的滋补作用，非常适合产妇和病后虚弱者食用。鲫鱼与豆腐搭配炖汤营养最佳。冬令时节食之最佳。

（七）海参：恢复元气，加速伤口愈合

1. 营养成分

海参富含蛋白质、脂肪、钙、磷、铁、维生素 B_1、维生素 B_2、烟酸等营养元素。

2. 产妇保健功效

海参益于产妇恢复元气，加强伤口愈合，为产妇提供全面的营养保障，增强体质，快速有效恢复体能和体力，并能为婴儿的大脑和神经系统的发育提供丰富的脑黄金物质，有效避免婴儿先天性疾病的发生。海参胆固醇含量低，肉质细嫩，易于消化，尤其适合体质虚弱的产妇食用。

3. 最佳食用方法

海参适合做粥、红烧、葱烧、烩、凉拌等烹调方法。

（八）猪蹄：美容、通乳双重功效

1. 营养成分

猪蹄含有较多的蛋白质、脂肪和碳水化合物，并含有钙、镁、磷、铁及维生素 A、维生素 B_1、维生素 B_2、维生素 C、维生素 D、维生素 E、维生素 K 等成分。据分析，每 100 克猪蹄含蛋白质 15. 8 克，脂肪 26. 3 克，糖类 1. 7 克，营养非常丰富。

2. 产妇保健功效

猪蹄中的胶原蛋白被人体吸收后，能促进皮肤细胞吸收和贮存水分，防止皮肤干涩起皱，使面部皮肤显得丰满光泽。胶原蛋白还可促进毛发、指甲生长，保持皮肤柔软、细腻，指甲有光泽。

经常食用猪蹄，还可以有效地防止进行性营养障碍，对消化道出血、失血性休克有一定疗效，并可以改善全身的微循环，从而起到预防或减轻冠心病和缺血性脑病的作用。

3. 最佳食用方法

猪蹄炖汤对于哺乳期的产妇来说不仅能够催乳还能美容，并且能够滑肌肤，去寒热。

（九）香蕉：补血瘦身两不误

1. 营养成分

香蕉含有蛋白质、脂肪、糖类、膳食纤维、钙、磷、铁、钾、镁、胡萝卜素、维生素 B_1、维生素 B_2、烟酸、维生素 C、维生素 E 以及少量的去甲肾上腺素与 5-羟色胺和二羟基苯乙胺等。

2. 产妇保健功效

香蕉皮中含有抑制真菌和细菌生长繁殖的蕉皮素。常食香蕉能有效地防治血管硬化，降低血中的胆固醇，预防高血压。有关专家研究发现，香蕉中含有一种化学物质，能刺激胃黏膜的抵抗能力，增强对胃壁的保护，从而起到防治胃溃疡的作用。香蕉含有一种能帮助人脑产生 5-羟色胺的物质。患有忧郁症的人脑里缺少 5-羟色胺，适当吃些香蕉，可以驱散悲观、烦躁的情绪，增加平静、愉快感。

3. 最佳食用方法

产妇可直接吃香蕉，也可搭配别的水果榨汁，做成沙拉或做菜均能保持其醇美的味道和养生功效。

（十）苹果：产后瘦身大助手

1. 营养成分

苹果含有多种维生素和胡萝卜素、纤维素以及多种矿物质。含丰富的维生素 A、维生素 B_1、维生素 B_2、维生素 C 等，另外它还含有比其他水果都丰富的果胶和钾，其果糖、葡萄糖、蔗糖的含量属果类佼佼者。

2. 产妇保健功效

苹果性凉，味甘，微酸，具有润肺健脾益胃、生津止渴、清热除烦、助消化、止泄泻、顺气醒酒之功效。它还含有丰富的果胶，有助于调节肠道的蠕动，而它所含的纤维则可帮助清除体内的垃圾。苹果中含有的有机酸能刺激肠蠕动，其所含纤维能使大便松软，既能润肠通便，还可预防癌症。苹果所含硼元素能防止或减少钙与镁的丢失，故可促进骨骼健康和防治骨质疏松症。

3. 最佳食用方法

苹果既可生吃，也可做菜、做沙拉等。

（十一）桂圆：补脾胃之气，补心血不足

1. 营养成分

桂圆含有蛋白质、碳水化合物、膳食纤维、胡萝卜素、维生素 A、维生素 B_3、维生素 C 以及钾、钙、镁、铁等多种矿物质。

2. 产妇保健功效

桂圆含丰富的葡萄糖、蔗糖及蛋白质等，含铁量也较高，可在提高热能、补充营养的同时，又能促进血红蛋白再生以补血。桂圆的补益作用，对产后及体质虚弱的产妇有辅助疗效。桂圆含有大量的铁、钾等元素，能促进血红蛋白的再生以治疗因贫血造成的心悸、心慌、失眠、健忘。

3. 最佳食用方法

桂圆可直接吃、泡茶饮用，也可以用来煲汤。

五、产后四周的餐谱

（一）第一周（产后 1~7 天）饮食安排

早餐前空腹：生化汤 100 毫升（一杯分三次喝）。
早餐：麻油猪肝一碗、小米粥一碗。
10 点：红豆汤一碗。
午餐前空腹：生化汤 100 毫升（一杯分三次喝）。
午餐：蔬菜一盘、薏仁饭一碗。
3 点：糯米粥一碗。
晚餐前空腹：生化汤 100 毫升（一杯分三次喝）。
晚餐：素炖品一碗。
晚上点心：红豆汤一碗。

（二）第二周（产后 8~14 天）饮食安排

早餐：麻油腰子一碗，糯米粥一碗，薏仁饭一碗。

10 点：红豆汤 1 碗。

午餐：麻油腰子一碗、蔬菜一碗、杜仲粉一钱。

3 点：油饭一碗。

晚餐：鱼汤一碗、素炖品一碗、杜仲粉一钱。

晚上点心：红豆汤一碗。

（三）第三、四周（产后 15~30/40 天）饮食安排

早餐：糯米粥一碗、软面条一碗。

10 点：红豆汤一碗。

午餐：麻油鸡一碗、蔬菜一盘，水果一份。

3 点：花生猪蹄或素炖品一碗。

晚餐：鱼汤或素炖品一碗、蔬菜一盘、薏仁饭一碗。

晚上点心：香菇糯米饭一碗。

本章练习

1. 营养素主要分为哪几种？
2. 简述月子餐的饮食原则。
3. 湿热型体质的产妇在饮食方面应注意什么？
4. 产褥期常见不适症状有哪些，应怎样调理？

第五章　哺乳指导

第一节　认识乳房

一、乳房的生理结构

（一）外部结构

成年女性乳房为一对半球形性征器官，乳房表面中央有乳头，乳头周围色泽较深的环状区域皮肤为乳晕。

1. 乳头

由紧密的平滑肌和结缔组织组成。平滑肌环行或放射状排列，当遇到性刺激或机械刺激时，平滑肌收缩，可使乳头变硬凸起。

2. 乳晕

乳晕是乳头周围皮肤色素沉着较深的环形区。乳晕的直径约3~6厘米，色泽各异，青春期呈玫瑰红色，妊娠期、哺乳期色素沉着加深，呈深褐色。怀孕颜色会加深，并且不褪色。但乳晕的颜色因人而异，并不能单纯依据女性乳晕的颜色判断其是否生育过。

（二）内部结构

乳房内部由纤维组织、脂肪组织、乳腺和神经血管构成。

1. 乳腺

乳腺的主要作用是泌乳，乳腺被结缔组织分隔为15~20个乳腺叶，每个乳腺叶又分为若干乳腺小叶。每个乳腺叶有一输乳管，以乳头为中心呈放射状排列，有些输乳管会汇集成一根，汇集于乳晕，开口于乳头，称为输乳孔。输乳管直径约为2~4.5毫米，随导管分支逐渐变细，末端与腺泡相通。

2. 输乳管窦

乳房含丰富的血管、淋巴管和神经，血管和淋巴管主要功能是供给养分和排出废物，神经与乳房皮肤的感受器相连，感知外界刺激。输乳管在乳头处较为狭窄约为0.4~0.7毫米，继之膨大为壶腹，称为输乳管窦，有储存乳汁的作用。

3. 脂肪

女性的乳房内除了腺体外，在腺体外还有脂肪，一般来说，脂肪的多少决定乳房的大小。

二、乳汁的分泌

(一) 乳汁的形成

正常人血液中催乳素和催产素的含量很低，妊娠后则逐渐增高，可高达正常人的20倍，这为产后乳汁的分泌做好了准备。待产妇分娩后，胎盘排出，体内孕激素及雌激素水平突然下降，对垂体抑制解除，催乳激素大量分泌并作用于乳腺，使乳腺内催乳素受体失去抑制，于是催乳激素刺激乳房内的腺泡细胞，大量分泌乳汁。

催乳激素在血中的浓度随吸吮的强度和频率的增加而增高；同时新生儿吸吮乳头的刺激通过神经反射传递到垂体后叶，也促使其分泌催产素，催产素随血液到乳房，使乳腺周围的肌上皮细胞的平滑肌收缩，使腺泡组织缩小，致使乳腺内的乳汁流入乳腺管，再经乳头排出。

催乳素和催产素的分泌受产妇的情绪、精神状况和营养状态的影响，如情绪紧张、焦虑、烦恼、恐惧、过度疲劳及营养不良等，都可抑制这二种激素的分泌，故要增加乳汁分泌，就要保持精神愉快、注意充分休息，进食营养丰富的食物、增加婴儿的吸吮次数及时间，这样有助于乳汁的旺盛分泌。

（二）乳汁的分类

母乳的益处被越来越多的产妇所认识，也有越来越多的产妇给婴儿喂养母乳，母乳根据时间和特点有不同的分类。

1. 初乳、成熟乳

按照产后时间的不同，有人将母乳分为初乳、过渡乳、成熟乳和晚乳。其中，初乳和成熟乳最为重要。

（1）初乳。

初乳是指产后头几天内的乳汁，质稠而带黄色，其所含脂肪较少，而球蛋白、抗体、微量元素、钙磷、白细胞等免疫物质都比较多，比其他时段的母乳抗病能力更强，对新生儿发育和抗感染十分重要。因此，强调的“早开奶”也就是越早喂奶越好。产妇生完孩子稍事休息后，第 1 小时内就可以开始给孩子喂奶了。

（2）成熟乳。

成熟乳是产后第 7 天至第 9 个月分泌的乳汁，此时母乳各种成分比较固定，其中蛋白质、脂肪和糖的比例为 1 :3 :6。初乳和成熟乳之间的母乳叫过渡乳，这一时期很短，但此阶段母乳含脂肪最高，蛋白质、矿物质逐渐减少。

9 个月之后的母乳就是晚乳了，晚乳中各种成分含量均有下降，分泌量减少。尽管如此，只要产妇体内还有母乳，就建议一直坚持喂到 2 岁，甚至更久。但要注意，为保证孩子的营养，4~6 个月时，应及时为婴儿添加辅食。

2. 前奶、后奶

每次喂奶时，根据母乳分泌的先后，乳汁还有前奶和后奶之分。

（1）前奶。

婴儿先吸出来的奶叫“前奶”，前奶虽然看上去比较稀薄，却富含水分、蛋白质，这也让纯母乳喂养的婴儿，在出生后 4 个月内一般不需要额外补充水。

（2）后奶。

“前奶”以后的乳汁，变成了白色，比较浓稠，这便是“后奶”了。后奶富含脂肪、乳糖和其他营养素，能提供许多热量，保证孩子吃后不会很快就饿。

因此，哺乳时切不可将开始的乳汁挤掉，也不可喂一会儿这一侧又换另一侧，应让婴儿尽量吃空一侧再换另一侧，这样才可保证孩子摄取到均衡的营养。如果只让婴儿吃前奶，会导致婴儿比较瘦小，只让其吃后奶，又会缺少水分和蛋白质。

三、母乳的营养

母乳是任何食物都无法替代的，相比其他动物的乳汁，母乳更易被婴儿消化和吸收。婴儿配方奶粉以母乳为标准，尽可能地模仿母乳配方，但是不论如何模仿，也只可能是尽可能地接近母乳的营养。以下是母乳中主要的营养成分。

1. 蛋白质

人乳和牛乳中乳白蛋白与酪蛋白的比率不同。人乳中乳白蛋白占总蛋白的70%以上，与酪蛋白的比例为2 :1。牛乳的比例为1 :4. 5。乳白蛋白可促进糖的合成，在胃中遇酸后形成的凝块小，利于消化。而牛奶中大部分是酪蛋白，在婴儿胃中容易结成硬块，不易消化，且可导致大便干燥。

2. 氨基酸

人乳中含牛磺酸较牛乳多。牛磺酸与胆汁酸结合，在消化过程中起重要作用，它可维持细胞的稳定性。

3. 乳糖

母乳中所含乳糖比牛羊奶含量高，对婴儿脑发育有促进作用。母乳中所含的乙型乳糖有间接抑制大肠杆菌生长的作用。而牛乳中是甲型乳糖，能间接促进大肠杆菌的生长。另外，乙型乳糖还有助于钙的吸收。

4. 脂肪

母乳中脂肪球少，且含多种消化酶，加上小儿吸吮乳汁时舌咽分泌的舌脂酶，有助于脂肪的消化，这对缺乏胰脂酶的新生儿和早产儿更为有利。此外，母乳中的不饱和脂肪酸对婴儿脑和神经的发育有益。

5. 无机盐

母乳中钙磷的比例为 2 :1，易于吸收，对防治佝偻病有一定作用。而牛奶中，这二者的比例为 1 :2，不易吸收。

6. 微量元素

母乳中锌的吸收率可达 59. 2%，而牛乳仅为 42%。母乳中铁的吸收率为 45%~75%，而牛奶中铁的吸收率为 13%。此外，母乳中还有丰富的铜，对保护婴儿娇嫩心血管有很大作用。

第二节　母乳喂养的方法

一、母乳喂养对婴儿的好处

1. 营养更均衡

母乳含有婴儿所需的全部营养元素，有助于婴儿发育。

2. 容易消化和吸收

母乳中含有一种能够帮助消化的酶，与牛奶相比，母乳在婴儿的胃里形成更软的凝乳，能更快地被人体系统所同化。尽管母乳中蛋白质的含量低于牛奶，但吸收利用率要高于牛奶。相反，牛奶中大约有一半的蛋白质都不能被婴儿吸收。同样，母乳喂养的婴儿对铁和锌也吸收得更好。母乳中也有良好的脂肪酸比例，不但容易吸收，也含有足够的必需脂肪酸供给婴儿正常的发育。

3. 有利于大脑发育

母乳中还有足够的氨基酸与乳糖等物质，对婴儿的大脑发育有促进作用。

4. 提升免疫力

母乳不但能提高婴儿的免疫能力，保护婴儿免于感染，预防腹泻、呼吸道感染，更能降低婴儿的过敏反应。最典型的就是多种抗感染的因子，如免疫球蛋白、补体、溶菌素，及抗发炎与免疫调节因子等。

5. 利于心理发育

哺乳的过程中，婴儿和产妇有皮肤对皮肤、目光的接触，可以满足婴儿对温暖、安全及爱的需求，这也有利于婴儿人格发展与亲子关系的建立。

二、母乳喂养对产妇的好处

很少人不知道母乳喂养对婴儿的益处，但母乳喂养对产妇的好处却常常被忽略。产妇可以和婴儿一样从母乳喂养中获益。母乳喂养不仅仅是延续受孕和怀孕之后的自然生理过程，它还能为产妇带来很多短期和长期的健康益处。

1. 利于培养亲子关系

产妇享受到为人母的满足，婴儿感受到产妇的关心，有安全感，利于母婴间感情交流。

2. 防止贫血、自然避孕，推迟更年期

哺乳期间排卵会暂停，产妇月经也会停止，这对母体保存铁质有重大的好处。同时也可以达到自然避孕的效果，有助于推迟再一次妊娠的时间以及更年期的到来。

3. 降低乳癌和卵巢癌的发病率

大量研究已经证明，没有母乳喂养的产妇患生殖系统疾病的风险更高。卵巢癌和子宫癌在没有母乳喂养的妇女中更常见。这可能是由反复的排卵周期和不哺乳造成的高雌激素水平造成的。

4. 有利于子宫复旧

母乳喂养时，婴儿吮吸母乳，刺激了乳头，可反射性地促进产妇的子宫收缩，加速子宫复原，同时减少出血情况，预防贫血。

5. 有利于恢复体形

妊娠后有许多脂肪堆积在臀部和大腿处，这些脂肪只有通过哺乳方能消除。婴儿吸乳后刺激母体产生的催乳素会作用于乳房的上皮细胞及乳房韧带，可以防止乳房下垂。哺乳可促进产妇的新陈代谢和营养循环，避免因坐月子摄入大量营养物质而引起肥胖。

6. 有利于心理健康

母乳喂养对于产妇来说，除了更易于与婴儿建立亲密关系，母乳喂养的产妇也会更富有成就感，更自信，尤其是对子女的教育等更有信心。

三、母乳喂养的技巧

（一）正确掌握母乳喂养的技巧

1. 做到“三贴”

刚开始喂奶的产妇，往往会倍感疲惫，常见原因为喂奶姿势不正确。正确的喂奶姿势为产妇和婴儿要做到“三贴”，分别是：胸贴胸、腹贴腹、下颌贴乳房，这样的姿势保证了婴儿呈抬头挺胸的体态，一方面便于婴儿吞咽奶水，不会吞咽过多空气，防止溢奶；另一方面可避免婴儿的鼻子贴在产妇乳房上影响呼吸。

2. 乳头含接正确

有效的吸吮是母乳喂养成功的关键，如果含接姿势不正确，产妇在哺乳的过程中就会感觉乳头疼痛，时间长了，还可能会产生乳头皲裂，因此，正确的含接姿势可以大大减少乳头疼痛的发生。具体做法如下：

第一步：产妇的手呈 C 字形，拇指在上，其他手指在下托起乳房。

第二步：用乳头刺激婴儿口周，婴儿与生俱来的先天性觅食反射，会让其将嘴张大并转向被碰触的方向。

第三步：迅速将乳头及大部分乳晕送到婴儿口中。这时的婴儿口应该是尽可能地张到最大，上下唇像小鱼一样向外翻，面颊鼓起呈圆形。

注意听婴儿的吞咽声音，若出现“咂咂”声（婴儿的舌碰到口腔上壁的声音），则说明婴儿的含接姿势不正确。另外，要确认婴儿的舌尖在乳头下面。

（二）不同情形下的喂奶姿势

正确的哺乳姿势，一来可以保证母乳喂养顺利，二来可以避免因过分疲劳造成的产妇劳损性损伤。

1. 侧卧式

侧卧式的喂奶姿势是指产妇侧卧，将婴儿置于产妇对面侧躺，头部位于产妇胸前的哺乳方式。这个姿势适合刚刚生产后的产妇。这一阶段，无论是剖宫产还是顺产的产妇身体都非常虚弱，同时因为身体有伤口不宜久坐。（如图 4-1 所示）

图 4-1　侧卧式

首先，部分产妇这时候泌乳量不是很充足，婴儿需要频繁吸吮才能保证足够的摄入量；其次，刚刚开始泌乳的乳腺不是很畅通，婴儿吸吮困难，需要长时间的喂哺。由于伤口造成的活动受限，产妇频繁地躺下、坐起导致伤口的牵扯痛和由于产后虚弱不耐久坐引起的肩背疼痛都不利于产妇的身体恢复。采取侧卧的方式喂母乳就可以很好地避免上述问题的产生。

但是，采用这种方式喂奶的时候，母婴护理师一定要在一旁看护，防止产妇因过分疲劳而睡着造成新生儿窒息。

（1）具体做法。

第一步：产妇采取舒服的侧卧位，膝盖微曲，臀部后移，同侧手臂平伸；婴儿身体贴紧产妇身体侧卧，鼻尖对乳头；产妇调整身体的角度，以保证乳头与产妇头部高度保持一致。

第二步：产妇用另一侧手呈 C 字形，拇指在上，其他手指在下托起乳房，以乳头碰触婴儿上唇，待婴儿抬头张嘴时，迅速将乳头及大部分乳晕送到婴儿口中。

母婴护理师在最初可以协助产妇完成上述动作。具体方法是：先让产妇和婴儿按上述姿势躺好，然后一手控制住婴儿的头颈联合处，一手用拇指和其余手指轻轻捏住乳晕外侧碰触婴儿上嘴唇，趁其张大嘴时，将婴儿推向产妇的乳房，使其含接住大部分乳晕。

（2）两种容易犯的错误：

第一：婴儿头部扭曲 90 度，身体朝上，这一姿势不仅影响吞咽，时间久了，婴儿也会不舒服（如图 4-2 所示）。

第二：婴儿的身体距离产妇太远，含接容易出现问题，从而引起疼痛，导致乳头皲裂（如图 4-3 所示）。

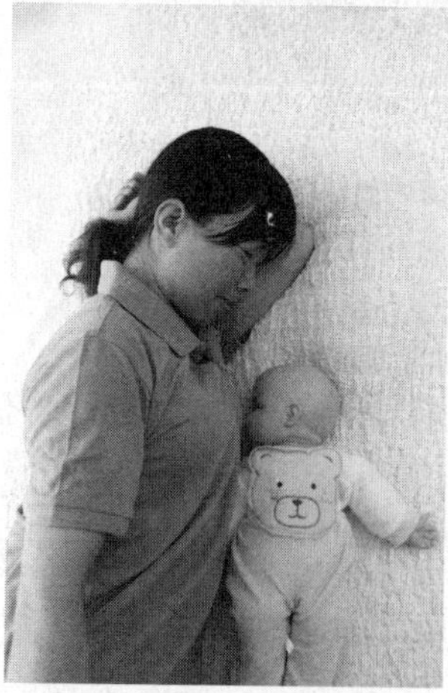

图 4-2　错误哺乳姿势一

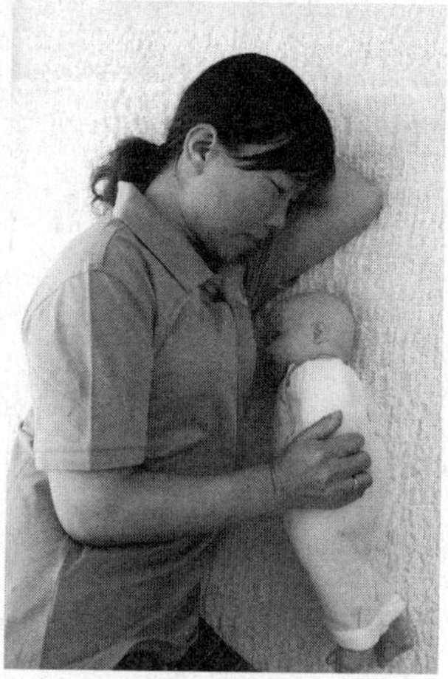

图 4-3　错误哺乳姿势二

2. 平卧式

平卧式的喂奶姿势适用于剖宫产术后 6 小时内的产妇。剖宫产产妇因麻药的作用，术后 6 小时内只能采取去枕平躺的姿势。这时候开奶就只能采用平卧式哺乳姿势。这个姿势必须有专业人员协助产妇进行（如图 4-4 所示）。具体做法如下：

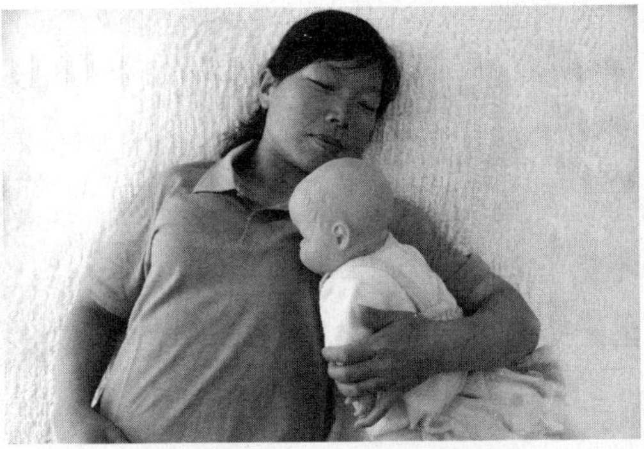

图 4-4　平卧式

（1）产妇取卧位，在身体的一侧放小棉被或枕头垫到适宜高度，将婴儿俯卧位放在棉被或枕头上，头稍偏向产妇乳房，同侧手抱住婴儿。

（2）母婴护理师一手控制婴儿的头颈联合处，一手成 C 形轻轻捏起产妇的乳晕，碰触婴儿嘴唇，刺激泌乳反射，趁婴儿张大口的机会，迅速将大部分乳晕送入他口中。

在采取这种哺乳姿势时，产妇呈仰卧姿势，乳房会显得较平坦，乳头及周围乳晕不易凸起，婴儿含接困难。另外，婴儿面向产妇，方向朝下，要承受头部的重力，也容易感受不适。所以，含接过程中，母婴护理师需要将产妇的乳晕捏起。其次，还要注意婴儿的头部不应完全俯卧，要稍侧向一边，以方便其呼吸。

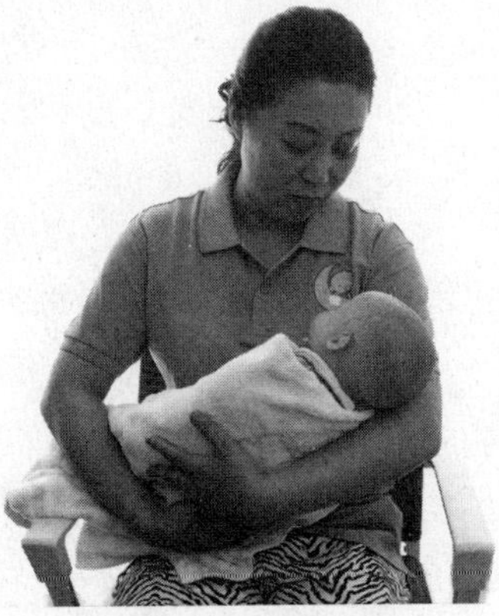

图 4-5　摇篮式

3. 摇篮式

这个姿势是大多数产妇采用的姿势。产妇用一只手抱着婴儿，手托住婴儿的臀部，婴儿的头枕在产妇的肘窝处，脊柱在产妇的前臂上。采取这种姿势时，母婴护理师可以在产妇手臂下方垫一个枕头或垫子（哺乳枕），让婴儿的身体与产妇的乳房高度保持一致（如图 4-5 所示）。

4. 交叉式

交叉式适合因各种原因含接困难的产妇。产妇用手托住婴儿的脖颈处，让婴儿吸对侧的乳房。体重轻的婴儿比较容易操作，也有的产妇是由于习惯问题，掌握不好这种姿势。为保证两侧乳房哺乳机会均等，避免乳房不对称，可以采取这种姿势；高矮不适宜时，也可以在婴儿的身体下面垫个枕头或垫子做调整（如图 4-6 所示）。

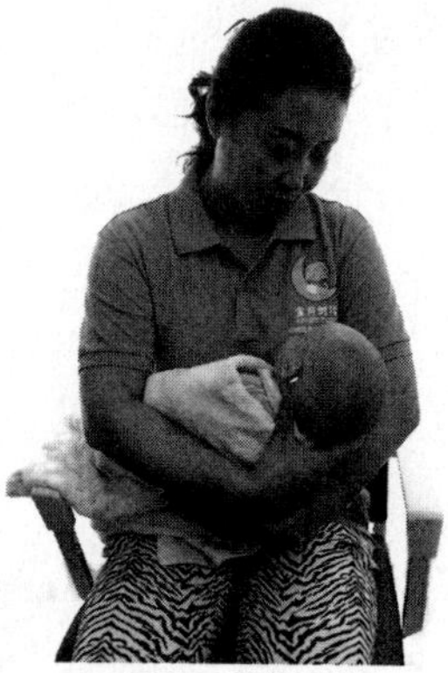

图 4-6　交叉式

5. 橄榄球式

适合乳房上部肿胀造成的含接困难和双胞胎婴儿（如图 4-7 所示）。

哺乳时，婴儿的身体在产妇身体的侧方腋下，头向前，脚向后；婴儿的身体下方垫个枕头或垫子，让婴儿的身体与产妇的乳房高度一致；产妇的手托起婴儿的脖颈部。双胞胎的产妇采取这种姿势哺乳，可以节省一半的时间，可在一定程度上减少疲劳，保证乳汁的分泌。

坐姿哺乳时，产妇应该采取自己最舒服的姿势，身体要放松，座椅高矮要适宜，座椅要有靠背。

图 4-7　橄榄球式

（三）母乳喂养成功的策略

1. 母乳喂养要“三早”

（1）早接触：母婴皮肤接触应在生后30分钟以内开始。

分娩过后，母婴尽早接触，接触的时间应不少于30分钟。产妇可将新生儿带在身边，保持母子肌肤相亲。使产妇在经过较长时间的待产、分娩后心理上得到安慰，也使新生儿在皮肤接触时很快安静下来，此项措施不仅促进母婴情感上的紧密联系，也使新生儿的吸吮能力尽早形成。

（2）早吸吮：生后30分钟以内开始吸吮产妇乳房。

在分娩后的头一个小时内，大多数新生儿对哺乳或爱抚都很感兴趣，在这段时间启动母乳喂养会给婴儿留下很深的记忆，在以后就可以很好地进行吸吮。由于尽早地让婴儿吸吮了乳头，可使产妇体内产生更多的催产素和泌乳素，前者可以增强子宫收缩，减少产后出血，后者刺激乳腺泡，可提早使乳房充盈。

（3）早开奶：第一次开奶时间是在分娩后30分钟以内。

婴儿早开奶可得到初乳，早得到免疫。乳腺初次生成的乳汁称为初乳，是一种发黄的或清澈的糖浆样液体。初乳富含蛋白质和抗体，可以保护新生儿避免感染，还能帮助排出体内的胎粪、清洁肠道。

2. 母婴同室

母婴同室是母乳喂养成功的很重要的一步。母婴同室的母乳喂养率明显高于非母婴同室者。据有关资料统计，产妇的泌乳时间，母婴同室组在48小时之内泌乳率为82.5%以上，非母婴同室组产妇泌乳率仅为10.5%，二者有显著性差异。这是因为当产妇看到婴儿的一举一动，听到婴儿的哭声，靠婴儿的嘴巴吸吮，都会刺激产妇的喷乳反射，促进产妇的泌乳量增加。

3. 按需哺乳

按需哺乳通过婴儿的频繁吸吮乳头，反射性地刺激催乳素的分泌增强，能使产妇的乳房及时排空，这样有利于乳汁的再次生成。不定时喂奶，可因婴儿频频吸吮、刺激，而有利于反射地引起大量的泌乳素释放，使乳汁分泌充足。临床试验证明，同样条件的产妇，按定时和不定时喂奶的分为两组进行观察，结果在 24 小时乳房充盈者中，定时喂奶的仅占 3.4%，不定时喂奶的则高达 65.6%，证明不定时喂奶的乳房充盈明显高于定时者。

4. 充分休息，但坚持夜间哺乳

（1）孕妇在分娩时精神、体力消耗极大，需要较长时间修复。实际上许多乳母得不到充分地休息，因为她们为孩子思虑过多，有的还需昼夜照料孩子，这就会影响泌乳质量。所以家人和母婴护理师要多为乳母分担孩子的护理工作，使乳母有较多时间休息。但休息不等于卧床，乳母也应做适度活动，才有助于身体恢复，也有助于泌乳。在哺乳期间晚上少看电视，少干重活，生活有规律，不能过度疲劳，保证充足的睡眠和休息，才可正常分泌乳汁并保证乳汁的质量。

（2）婴儿在夜间对于母乳的需求，在其一天所需营养中占有相当大的比重，即使是 10 个月大的婴儿，也有 25%的母乳是在夜间进食的。在夜间，产妇体内泌乳素的产生量是白天的 50 倍。所以，坚持夜间哺乳是保证充足泌乳量的重要因素。

5. 均衡营养

适当增加乳母营养是乳房充盈的重要保证。乳汁的来源取自于母体，母体的营养摄入量直接影响乳汁的分泌。据临床对比观察，充足的蛋白质、均衡的营养是保证产妇身体恢复和充足泌乳的关键。软食、汤类、鱼类食物，易于母体消化吸收，对增加泌乳很有好处。

6. 保持心情愉悦

处于哺乳期的产妇在愤怒、焦虑、紧张、疲劳时，容易造成肝郁气滞，甚至产生血淤，使得奶水量少甚至变色。在这种情况下，婴儿喝了产妇的奶，心跳也会随之加快，变得烦躁不安，甚至夜睡不宁、喜哭闹，并常伴有消化功能紊乱等症状。

要保持充足、健康的乳汁，哺乳期的产妇除了要有充分的睡眠和休息外，还要有稳定的情绪，多听听音乐、读读好书、适量运动，保持平和的心态。总之，为了孩子健康，产妇要保持好的心态，才能够保证母乳的质量。

7. 接受专业指导

2002年中国营养与健康状况调查显示，我国城市4个月内婴儿的纯母乳喂养率为65.5%。但近年来，母乳喂养率有逐步下降趋势。据有关研究显示，部分地区4个月内纯母乳喂养率仅为23.6%。

母乳喂养失败的重要原因之一是缺乏专业的指导，对母乳喂养的好处认识不足、缺乏母乳喂养技巧导致的不能正常哺乳。专业的母乳喂养指导应在产妇在母乳喂养的过程中遇到问题时，及时给予专业的方法和心理上的指导，使产妇以积极乐观的态度面对困难，最终实现母乳喂养。

第三节　乳房的护理

一、常规乳房护理

(一) 乳房护理要点

在开奶之前，母婴护理师应首先评估产妇乳房的健康情况，主要的检查要点有：

(1) 判断乳头是否正常。

(2) 判断乳头是否需要矫正。

(3) 观察乳头是否需要防皲裂保养。

(4) 做好每次哺乳前的乳房清洁工作。

(5) 协助新生儿第一次吮吸，辅导产妇掌握正确的哺乳姿势。

(6) 做好生产后的开奶工作。

(7) 做好乳房的疏通工作。

(二) 开奶方法

开奶是指新生儿降临人间以后开始的第一次喂奶。产后半小时到1小时是开奶的最佳时间，一般最晚不超过6小时，这样有利于刺激乳房尽早分泌乳汁、加速子宫收缩的复原、帮助婴儿尽快排胎便、避免出现新生儿黄疸等。同时，哺乳的行为可对大脑形成刺激，增加乳汁的分泌，所以必须要尽早哺乳，形成神经反射，增加乳汁的分泌。

知识拓展

开奶的方法

第一步：温湿敷

哺乳前温湿敷，可以使乳腺管扩张，有利于乳腺的畅通。同时可将分泌物产生的结痂泡软，方便清理。可以使用热水将毛巾浸湿温敷乳房，用塑料薄膜覆盖的方法，尽量延长热敷时间。

第二步：清理乳头

乳房最初分泌的稀薄黄色黏液一旦干涸，不易被清除，很容易将乳腺导管口堵塞，使产妇在分娩后乳汁不能通畅排出，影响母乳喂养的顺利进行。清洗时注意使用干净的消毒纱布或毛巾轻轻放在已经敷软的乳头上，将堵塞在乳头开口的硬颗粒和结痂清洗干净。

第三步：开门

拇指和食指呈 C 字形用指腹按压在已泌乳乳腺对应的乳窦上，稍用力度向乳头的方向点揉至乳孔有少量乳汁出来后，就可以指导产妇开始喂奶了。

第四步：指导哺乳

按照标准操作流程，指导产妇正确进行母乳喂养。

（三）平乳头及乳头凹陷的护理

母乳含有大量的免疫物质，能增强婴儿抗病能力，同时，母乳喂养也利于婴儿大脑发育及产妇的产后康复。母乳喂养要想成功，关键在于对乳房的护理，临床上平坦乳头及凹陷乳头极为常见。

乳头平坦的产妇，因先天性乳头颈短平或乳头凹陷致使婴儿含吸困难，导致其哭闹不止，同时也容易使产妇及家属焦急。这时产妇很容易丧失母乳喂养的信心，这就需要护理人员更加耐心地为产妇及家属宣传母乳喂养的好处，帮助产妇采取正确的哺乳姿势，树立母乳喂养的信心。

1. 常规矫正方法

乳头伸展练习：将拇指和食指平放在乳头两侧，由乳头向两侧方向拉开，拉伸乳晕的皮肤，使乳头向外突出。重复上述动作做上下的运动（如图4-8所示）。

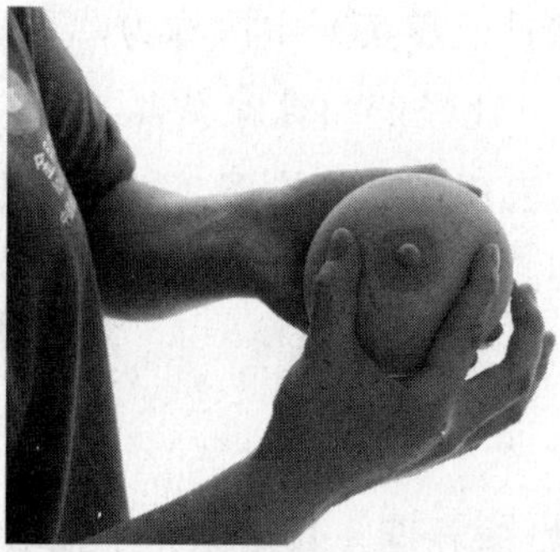

图 4-8 乳头伸展法

2. 牵拉法

当发现乳头内陷时，应每天早、晚用手指轻轻将内陷的乳头向外牵拉。（如图 4-9 所示）在牵拉同时用拇指或食指轻轻按摩乳头，每次做5~10分钟。经常牵拉乳头，可以使双乳突出、周围皮肤支撑力增大，起到“定型”作用。每日数次，时间长了，乳头自然逐渐向外凸起。如果拉不出，可先将乳房近乳头处的皮肤向外推一推。

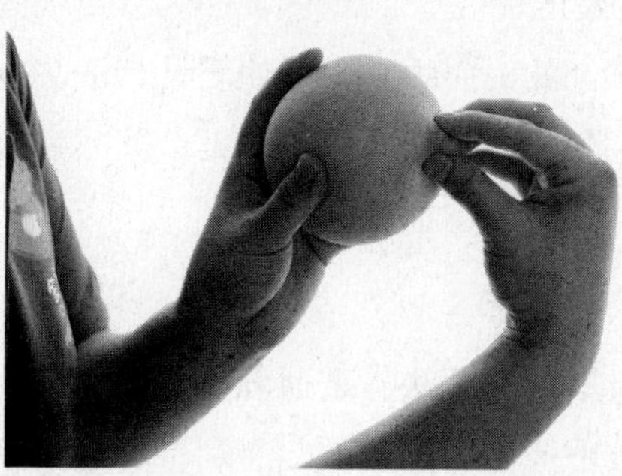

图 4-9 乳头牵拉法

3. 吸引疗法

每日使用吸奶器或者乳头矫正器吸引乳头数次，利用其负压促使乳头膨出。

二、母乳喂养常见问题及护理

(一) 乳腺炎护理

急性化脓性乳腺炎常发生于哺乳期，特别是初产妇产后1~2个月，故又叫急性哺乳期或产褥期化脓性乳腺炎，中医称为“乳痈”。初产妇急性乳腺炎的发病率高达2%~4%，比经产妇乳腺炎多1倍。乳汁淤积伴发细菌感染而发病，呈急性炎症，表现为红肿热痛，寒战高热，早期可以手法排乳，中药治疗，化脓以后则需要切开引流。做好产褥期保健，急性乳腺炎是可以预防的。

1. 乳腺炎的症状

急性乳腺炎多见于初产妇哺乳期，起病急，早期乳房内出现局限性红、肿、热、痛肿块，伴畏寒、发热等全身中毒症状。当急性炎症未能及时控制，数天后迅速发展形成脓肿。

2. 乳腺炎的成因

(1) 乳汁的淤积：乳汁淤积有利于入侵细菌的生长繁殖。

(2) 乳管不通，乳管本身炎症、肿瘤及外在压迫。

(3) 乳头内陷时婴儿吸乳困难，易造成乳头周围的破损，是细菌沿淋巴管入侵造成感染的主要途径。

(4) 另外婴儿经常含乳头而睡，也可使婴儿口腔内炎症直接侵入蔓延至乳管，继而扩散至乳腺间质引起化脓性感染。其致病菌以金黄色葡萄球菌为常见。

3. 乳腺炎的中医物理疗法

(1) 首先采用中医推拿的手法，疏通乳管，排净患处乳汁。

(2) 局部理疗外敷中药如意金黄散，有利于炎症早期消散。

(3) 中医药治疗以舒肝清热、化滞通乳为主。

(二) 乳头皲裂

乳头皲裂是哺乳期常见病之一，轻者仅乳头表面出现裂口，甚者局部渗液渗血，日久不愈反复发作易形成小溃疡，处理不当又极易引起乳痈。特别是哺乳时往往疼痛难耐，令患者坐卧不安，极为痛苦。

1. 乳头皲裂的原因

（1）乳头含接方式不正确。正确的含接应该是婴儿嘴张大呈鱼口形，含接住产妇大部分乳晕，舌头纵向卷在乳晕下方。

（2）含接时间过长。母乳喂养初期，母乳未足量分泌，婴儿需要频繁吸吮以满足自身的营养摄入，产妇娇嫩的乳头还无法适应，造成皲裂。这时候就要注意婴儿在吸吮时如果听不到吞咽声，就要及时将乳头从婴儿口中移出，时间不可超出 20 分钟。

（3）乳腺管不通，婴儿吸吮困难，用力过大。

2. 乳头皲裂的护理

（1）哺乳时应先在疼痛较轻的一侧乳房开始，以减轻对另一侧乳房的吸吮力，并让乳头和一部分乳晕含吮在婴儿口内，以防乳头皮肤皲裂加剧。

（2）交替改变哺乳时的抱婴位置，以便吸吮力分散在乳头和乳晕四周。

（3）勤哺乳，以利于乳汁排空、乳晕变软，便于婴儿吸吮。

（4）在哺乳后挤出少量乳汁涂在乳头和乳晕上，短暂暴露和干燥乳头。由于乳汁具有抑菌作用，且含有丰富蛋白质，有利于乳头皮肤的愈合。哺乳后，也可在乳头上涂薄层水状的羊毛脂，它对婴儿无害，哺乳前不必擦掉。

（5）哺乳后穿戴宽松内衣和胸罩，并放正乳头保护罩，有利于空气流通和皮损的愈合。

（6）如果乳头疼痛剧烈或乳房肿胀，婴儿不能很好地吸吮乳头，可暂时停止哺乳 24 小时，但应按时将乳汁挤出，用小杯或小匙喂给婴儿。

（三）背奶

为了延长婴儿母乳喂养的时间，越来越多的年轻产妇开始把专业的吸奶、储奶器具带到单位，利用工作间隙完成吸奶、冷藏、保存等一系列工作，晚上背回家给婴儿，作为第二天的“口粮”，简称为背奶。

1. 背奶准备

（1）产妇上班前1~2周，开始给婴儿打心理“预防针”，根据产妇上班后的作息时间，调整、安排好婴儿的哺乳时间，给婴儿一个适应过程。

（2）如果工作地点离家比较近，可以在上班前喂饱，午休时回家喂奶一次，下班后再喂，加上夜间的几次喂奶，基本上能满足婴儿的需要；如果离家较远，可以事先将母乳挤出来储存好，请家人代喂1~2次，晚上回到家再喂奶。

（3）提前1~2周挤出一些母乳储存备用，将挤出的母乳装至容器内冷冻保存。

2. 背奶装备

（1）保温包或者保温桶。

保温能力源于保温包的用料和厚度，如果单位有冰箱，上下班用时也不长的产妇，可以选择不是很厚或普通海绵保温的保温包；如果两方面条件都不具备或只具备其一，最好使用用料比较好并且厚一些的保温包或者保温桶。

（2）蓝冰。

仅仅是保温包，最多只能维持包中母乳的温度，必须加入冰块才能起到持久保冷的效果。蓝冰是一种高分子蓄冷剂，保冷效果非常好，因此在背奶装备中同样必不可少。

（3）吸奶器。

电动吸奶器省时省力，但不好携带，且容易有噪声。手动吸奶器经济实惠，但费时费力。两者优缺点都很明显，产妇可以根据自身情况进行选择。必要时，可以根据情况在家中和工作场合各备一套，以方便使用。

（4）带密封盖的储奶瓶。

吸出来的母乳密封储存，但奶嘴和奶嘴盖并不密封，所以一定要选择带密封盖的储奶瓶。如果是标准口径的奶瓶，各个品牌的密封盖都可以通用。最好使用适宜冷冻的、密封良好的塑料制品，不用金属制品，因为母乳中的活性因子会附着在玻璃或金属上，降低母乳的养分。

（5）储奶袋。

挤出来的奶如果第二天吃还有富余可以提前冻起来，这时就要用到储奶袋。储奶袋不能装太满，否则冷冻后膨胀会撑破袋。储奶袋子上要写上日期。一般买储奶袋的时候会送笔。

3. 背奶过程

（1）第一步——吸奶。

①在上班前一天或在上班前将母乳挤出储存，并在容器外贴上挤奶的日期及时间。

②上班期间，产妇也要尽量保证每 3 小时吸一次奶，这样可以有效防止奶胀和泌乳量的减少，使母乳喂养可以更好地继续下去。需要注意的是上班的地方必须要有冷冻设备，可以妥善保存，回到家要尽快让婴儿吃掉或放至冰箱冷藏。

（2）第二步——储存。

①装母乳的容器要留点空隙，不要装得太满或把盖子盖得很紧，以防容器冷冻结冰而胀破。

②最好将母乳分成小份（60~120 毫升）冷冻或冷藏，方便家人或母婴护理师根据婴儿的食量喂食，不会浪费，并要贴上标签，记上日期。

③储存温度：

· 新鲜母乳：25℃~27℃的条件能保存 4 小时，15℃~25℃保存 8 小时，15℃以下能保存 24 小时，母乳不能保存在 37℃以上的环境。

· 冷藏母乳：2℃~4℃可保存 8 天以上，要保证母乳放置在最冷的部位保存。

· 冷冻母乳：可保存 6 个月，冷冻室不能放置其他物品。解冻后可保存 24 小时，取出后加温至 38℃~39℃，不可重复加热。

冻奶时应注意，冷冻储存母乳不要将储奶袋放的太满，防止将奶袋胀破；每个储奶袋都必须要标注储存时间。

（3）第三步——解冻。

①冷冻的母乳在解冻时，应该先用冷水冲洗密封袋，逐渐加入热水，直至母乳完全解冻并升至适宜哺喂的温度，或放置在冷藏室慢慢解冻退冰。

②不要将母乳直接用炉火或者微波炉加热，这样会破坏母乳中的养分。

（4）第四步——喂奶。

解冻后直接倒入奶瓶中就可以喂婴儿了。解冻后的母乳一定要在24小时内吃完，并且不能再次冷冻。

（四）回奶护理

回奶是哺乳期的最后一步，自然回奶是一种循序渐进的方法，它通过减少婴儿吸吮刺激乳头，使乳汁分泌量自然减少，直至完全回奶。此种方式是靠乳汁分泌原理进行的，乳汁内存在乳汁分泌抑制因子，是一种多肽，如大量乳汁存留在乳房内，抑制因子就会抑制乳汁的分泌，这是人体的一种自我保护机制，保护乳腺不会因乳汁过分充盈而受到伤害。自然回奶的注意事项如下：

（1）减少对乳头的刺激。

如每天减少给婴儿喂奶的次数，加长喂奶间隔时间，缩短每次喂奶时间。此外，要避免用热水冲洗乳房。

（2）不要完全挤出乳汁。

如果乳房胀得难受，可以挤出乳汁，但是不要完全挤出，否则会促进乳汁分泌，适得其反。

（3）使用回奶药物。

使用回奶药物的同时，应忌食那些促进乳汁分泌的食物，如花生、猪蹄、鲫鱼、汤类等蛋白质含量丰富的食物，这样也可以减少乳汁的分泌。

（4）回奶时间有讲究。

不要在夏天断奶，因为夏天天气炎热，胃肠道消化功能减弱，如果断奶后给孩子添加过多的辅食，就容易引起消化不良，甚至发生腹泻等胃肠道疾病。不要在孩子患病期间断奶，因为孩子的患病抵抗能力较差，消化功能不好，身体很虚弱，如果这时断奶，不但会影响身体的康复，还可能会加重病情。

（5）断奶方式要合理。

不要采取强迫、恐吓的手段使孩子断奶，如采取在奶头上涂辣味苦味或者带色的东西等手段强迫孩子断奶的方法是不可取的。应提前告知，并通过循循善诱的方式，使孩子平稳度过断奶期，最大程度减少其断奶期的心理障碍。

本章练习

1. 产褥期常见病症有哪些？
2. 简述产后运动项目。
3. 简述乳腺炎的产生原因。
4. 母乳喂养有哪些策略？

第三部分

新生儿护理

新生儿基础知识

▶新生儿的定义及类别

▶新生儿的生理指标

▶新生儿的生理反射

▶新生儿常见疾病

▶新生儿常见生理现象

新生儿护理

▶新生儿生活起居照料

▶新生儿的身体护理

▶新生儿的保健

新生儿喂养

▶新生儿消化系统特点

▶喂养方式及注意事项

第六章　新生儿基础知识

第一节　新生儿的定义及类别

新生儿指的是从出生到28天期间的婴儿。根据不同的指标，新生儿被划分为不同的类型。

一、根据胎龄分类

（一）早产儿

1. 定义

早产儿指的是胎龄不满37周降生的新生儿。

2. 造成早产的原因

（1）胎儿异常。

双胎、多胎、羊水过多、胎儿畸形、胎盘异常，如前置胎盘、胎盘早期剥离、胎盘功能不全等。

（2）产妇身体状况异常。

①急性传染病、慢性病等，如心、肝、肾等疾病和妊娠高血压综合征、子宫畸形、胎膜早破、阴道内上行感染、产前出血、外伤、腹泻、咳嗽等。

②严重贫血的孕妇，由于组织缺氧，子宫、胎盘供氧不足，也可发生早产。

③孕妇营养不良，特别是蛋白质不足以及维生素E、叶酸缺乏，也是

导致早产的原因之一。孕期性生活不当、活动过多、持重物等都可能造成早产。

（3）年龄。

未满20周岁或大于35周岁的孕妇早产率会明显增高，尤其是小于20岁者，早产发生率是20~34岁组的11倍。

（4）流产史。

流产史，尤其是晚期流产史、反复流产、人工流产、引产或流产后不足一年又再次怀孕，对孕妇影响最大。流产对宫颈均有不同程度的损伤，会导致宫颈机能不全，使早产率增高。

（5）生活环境。

从事体力劳动，工作时间过长、过累可使早产率明显增高。情绪经常波动或精神过度紧张，可使大脑皮层功能紊乱，儿茶酚胺分泌增加，交感神经兴奋和血管收缩，易致早产。

3. 早产儿护理要点

早产儿各方面的发育可能都不如足月婴儿，所以在喂养和护理上都要特别注意。实践证明，2岁前是弥补先天不足的宝贵时间，只要科学地喂养，在两周岁以前早产儿的体质赶上正常儿是完全可能的。

（1）防止感染。

除专门照看孩子的人（产妇或奶奶）外，最好不要让其他人走进早产儿的房间，更不要把早产儿抱给外来的亲戚邻居看。母婴护理师在给早产儿护理前，要换上干净清洁的衣服（或专用的消毒罩衣），洗净双手。产妇患感冒时应戴口罩哺乳，哺乳前应用肥皂及热水洗手，避免交叉感染。

（2）注意保暖。

早产儿要注意保温问题，在家庭护理中，室内温度要保持在24℃~28℃，室内相对湿度在55%~65%。婴儿体温应保持在36℃~37℃，上、下午各测体温1次。如最高体温或最低体温相差1℃时，应采取相应的措施以保证体温的稳定。当婴儿体重低于2.5公斤时，不要洗澡，可用消毒过的食用油，每2~3天擦擦婴儿脖子、腋下、大腿根部等皱褶处；若体重在3公斤以上，每次吃奶达100毫升，可与健康新生儿一样洗澡，但在寒冷季节，要注意水温以及洗澡时的室内温度。

（3）精心喂养。

早产儿更需要母乳喂养，因为早产产妇的奶中所含各种营养物质和氨基酸较足月儿母乳多，能充分满足早产儿的营养需求，而且早产产妇的奶更利于早产儿的消化吸收，还能提高早产儿的免疫能力，对抗感染有很大作用。产妇要尽可能地与早产儿接触，如入住母婴同室病房。对不能吸吮或吸吮力弱的孩子，产妇要按时挤奶（至少每三小时挤一次），然后将挤出来的奶喂给早产儿。

（4）婴儿抚触。

抚触会带给早产儿触觉上的刺激，在其大脑形成一种反射，这时早产儿的眼睛、手脚会跟着活动起来，当这种脑细胞之间的联系和活动较多时，会促进早产儿的智力发育。另外，抚触还可以使早产儿减少哭闹，更好地睡眠，而且腹部的抚触，还可以使早产儿的消化吸收功能增强。

知识拓展

应及时与医生联系的情况

（1）当早产儿体温下降到 35℃以下，或上升到 38℃以上时，如果采取相应的升温或降温措施后，仍没有效果者。

（2）咳嗽、吐白沫、呼吸急促时。

（3）吃奶骤减，脸色蜡黄，哭声很弱时。

（4）突然发生腹胀时。

（5）发生痉挛、抽搐时。

（二）足月儿

1. 定义

正常足月新生儿是指胎龄满 37~42 周出生，体重 2.5 公斤以上。身长 47 厘米以上，无任何畸形和疾病的活产新生儿。

2. 外观特征

健康足月新生儿哭声响亮，皮肤红润，发丝分明，耳壳软骨发育好，耳舟清楚。乳晕清晰，乳房可摸到结节，大约 3 厘米；指（趾）甲超过指（趾）尖；男婴睾丸降入阴囊，女婴大阴唇完全遮盖小阴唇，足底纹多而交错，四肢肌张力好。

（三）过期儿

1. 定义

过期儿指的是胎龄超过 42 周及以上降生的新生儿。多数过期儿因胎盘功能尚正常，宫内生长发育良好，出生体重大于或等于 4000 克，也称巨大儿。但有些胎盘明显老化，功能减退，导致胎儿营养障碍，生长发育停滞，也称胎盘功能不全综合征。由于胎儿在宫内慢性进行性缺氧和营养不良，消耗自身脂肪，出生体重可小于胎龄甚至低于 2500 克。

2. 过期儿产生原因

过期儿的产生多与下列因素有关：

（1）孕末期孕酮过多和雌激素过少。

（2）孕妇经常卧床休息，活动过少。

（3）胎位异常和胎儿畸形。

（4）孕妇营养过量，体内维生素 E 过多。

（5）孕妇遗传因素和个人体质。

（6）高龄初产。

（7）子宫收缩乏力。

3. 过期儿的干预措施

（1）及时考虑终止妊娠。

为了及早防止过期产胎盘功能不足导致的危险，必须及时考虑终止妊娠。应再次核对孕周及预产期，确系过期者作引产处理。

（2）窒息者积极复苏。

过期分娩者窒息发生率高，应做好窒息复苏抢救的准备。尤其在过期儿头部娩出而肩部尚未娩出前即应及时清理、鼻、咽内污染羊水，保持呼吸道通畅，以防胎粪被吸入肺中。

（3）积极治疗并发症。

及时处理胎粪吸入综合征、低血糖、宫内发育迟缓以及颅内病变等情况。

二、根据体重分类

（一）正常体重儿

正常体重儿的出生体重在2500~3999克。

（二）巨大儿

1. 定义

巨大儿指的是出生体重大于或等于4000克的新生儿。

2. 巨大儿产生的原因

（1）生理性因素。

父母体格高大；母孕期食量较大，摄入大量蛋白质、糖等营养物质。

（2）病理性因素。

①孕母血糖异常如患有未控制的糖尿病、妊娠期糖尿病、胰岛细胞增生症。

②妊娠期糖尿病。少数孕妇有妊娠期糖尿病，尽管这些孕妇平时的血糖是正常的，但怀孕后由于体内的胰腺功能不正常，导致血糖偏高。这些糖通过胎盘进入胎儿体内，胎儿正常胰腺组织分泌的胰岛素将这些糖转化为多余的脂肪和蛋白质，导致胎儿体重增长比正常体重孕母所生的胎儿快，到足月分娩时就长成了巨大儿。

③RH血型不合溶血症。RH血型不合溶血症，又叫新生儿母婴血型不合溶血症，是指由血型抗体所致的免疫性溶血性贫血，它是由母婴血型不合所致，是新生儿高胆红素血症中最常见的病因之一，且发病早、进展迅速，严重者可致核黄疸。由血型抗原所致的新生儿高胆红素血症，往往多见于几种抗原性强的血型，如RH血型。

④先天性心脏病（大血管错位）。

⑤Beckwith 综合征：Beckwiths Wiedemann 综合征的中文名是贝克威思-威德曼综合征，英文名为 Beckwith – Wiedemann syndrome，是一种先天过度生长的疾病，胎儿一般在出生前就已有可能发生过度生长的情形，出生之后可能发生新生儿低血糖，并伴随有巨舌、内脏肿大、半边肥大等病症，耳朵上会出现特殊的折痕及小凹陷。

3. 巨大儿的临床表现

孕妇常有腹部沉重、腹痛、呼吸困难等处状，伴体重增长迅速。新生儿的表现因发病原因不同而异：

（1）产妇有糖尿病的巨大儿，可有以下表现及并发症：

①窒息、颅内出血：因胎儿过大，易发生难产和产伤，是导致窒息和颅内出血的主要原因。

②低血糖：发生率约为 58%~75%，因胰岛素量增加所致。多为暂时性。

③呼吸困难：主要为新生儿呼吸窘迫综合征，死亡率较高。

④低血钙：发生率约为 60%，可能与甲状旁腺功能低下有关。

⑤红细胞增高：血黏稠度高，易发生血管内凝血，形成静脉血栓。常见肾静脉血栓，临床可出现血尿及蛋白尿。

⑥高胆红素血症：生后 48～72 小时可出现，尤以胎龄小于 36 周时更为常见。

⑦约有 10%伴有先天性畸形。

（2）RH 溶血病巨大儿，除溶血表现外，易发生低血糖。

（3）Beckwith 综合征巨大儿，其外表呈突眼、舌大、体型大伴脐疝，有时伴其他先天性畸形。在新生儿早期约 50%可发生暂时性低血糖。本症病死率高。

（4）大血管错位巨大儿，主要表现为青紫、气促、心脏扩大，生后早期易发生心力衰竭。

4. 巨大儿对母婴的危害

（1）对新生儿的危害。

①分娩过程延长。通常身高、骨盆形态和大小都正常的女性，分娩时

只要胎位正常，生一个体重3500克的胎儿不会有什么问题。然而，如果胎儿的体重长到4000克以上，胎儿的头和身体过大，很难进入产道，会导致整个分娩过程延长，最后不得不采用产钳或胎儿吸引器助产。

②肩难产。在偶然情况下，胎头虽然娩出但肩膀却被卡住了，必须要用一些特殊的助产方法才能使胎儿娩出，医学上称这种情况为“肩难产”。这种情况在体重为3500克的新生儿中是很少遇到的，而体重到4000克及以上发生的概率就明显增加了。分娩过程会拖得很长，甚至根本分娩不出，危险性特别大。

③神经瘫痪。在产程延长过程中可能会发生新生儿臂丛神经瘫痪，严重的肩丛神经瘫痪可能导致终身残疾。当然，最坏的结果是造成新生儿死亡。

（2）对产妇的危害。

①正常大小的胎儿都是通过母体的骨盆娩出的，但由于巨大儿的胎头大而硬，往往胎头会有在骨盆入口处“搁浅”的风险，再加上胎儿身体过胖或肩部脂肪过多，同时并发肩难产，常需施行剖宫产。如果处理不当，可危及产妇健康和生命。

②产妇在分娩过程中由于阴道过度伸张或撕裂易造成子宫脱垂。

③分娩期的延长易造成产后大出血，严重时危及产妇的生命，据有关数据统计，我国产妇死亡率为0.488%，其中“巨大儿”造成的难产死亡率高于顺产死亡率。

④剖宫术后引发的伤口感染、腹腔粘连、子宫内膜异位等症，都有可能直接或间接导致产妇及新生儿的死亡。

5. 巨大儿的护理要点

应尽量搞清楚巨大儿产生的原因，采取相应措施，特别要做好出生时的抢救准备和复苏工作。对巨大儿要提早喂养，出生即可喂奶或糖水，以防发生低血糖，以后每两小时喂1次。如已发生低血糖，需立即按低血糖进行治疗，保持巨大儿的正常血糖水平，以防影响其智力的发育和造成脑组织的损伤。

知识拓展

为什么巨大儿容易发生低血糖

糖尿病产妇所生的婴儿容易发生低血糖，因为糖尿病产妇血糖高，胎儿从产妇体内得到的糖分亦特别多。由于营养供应充分，胎儿生长较快也较大，但同时由于过高的糖分而刺激胎儿的胰岛细胞增生，产生较多的胰岛素来处理这些过多的糖分。一旦孩子娩出，与产妇关系断绝，糖分的供应就会中断，但婴儿体内的胰岛细胞仍在不断地分泌胰岛素，过多的胰岛素将消耗掉孩子体内的糖分，因此，孩子会很快出现低血糖。低血糖可使孩子出现精神萎靡、无力、汗多、呼吸困难，甚至抽搐。若巨大儿低血糖严重而又持续时间长，则会引起神经精神方面的后遗症，如智力低下等。有的巨大儿还容易并发低血钙、黄疸或畸形。

(三) 低出生体重儿

1. 定义

低出生体重儿指的是出生体重小于 2500 克的新生儿。

2. 低出生体重儿产生的原因

低体重儿是在胎儿阶段，也就是孕后的 8～38 周里，产妇营养不良或疾病因素导致的胎儿发育迟缓造成的。这样的新生儿皮下脂肪少，保温能力差，呼吸机能和代谢机能都比较弱，特别容易感染疾病，死亡率比体重正常的新生儿要高得多。其智力发育一般也会受到影响。

3. 低出生体重儿的护理

医院里将出生 2000 克以下的极低体重儿，放在新生儿培养箱内进行特别护理，待体重超过 2500 克后才可出院。这样的孩子出院后，身体仍然很弱，做父母的要非常小心地加以护理。

未足月的新生儿要特殊护理到体重达到 3000 克以上，每次的吃奶量在 100 毫升以上，或者体重的增长每天在 30 克以上时，就可以与足月的新生儿一样养育了。低出生体重儿的护理要点可参照本书前文早产儿部分。

三、根据出生后周龄分类

（一）早期新生儿

1. 定义

早期新生儿是指出生后7天以内的新生儿。早期新生儿的发病率和死亡率在整个新生儿期最高，需要加强监护和护理。

2. 护理要点

早期新生儿是从胎儿依靠产妇胎盘生活转为独立生活的特殊生命时期，其各个脏器功能发育不够完善，生活能力及免疫力均低下，喂养和护理不当均可造成疾病的发生甚至死亡，是小儿发病率和死亡率最高的时期。

早期新生儿需要精心护理，房间的温度要适宜，约为24℃～26℃；房内湿度保持在50%左右；注意房间通风，空气新鲜，炎热夏季经常洗澡，冬季注意保暖；勤换尿布，保持臀部清洁干燥。

最好母乳喂养；人工喂养小儿应注意奶瓶和用具的消毒，还应注意奶的比例、温度，避免因处理不当造成呕吐或腹泻。

（二）晚期新生儿

晚期新生儿指出生后第二周至第四周末的新生儿。与早期新生儿相比，晚期新生儿发育得相对完善了，护理起来也更容易，但同样需要注意室内的温度、湿度，避免感染，尽可能采用母乳喂养方式。因为新生儿新陈代谢旺盛，需要每天洗澡。

第二节　新生儿的生理指标

一、外表特征

刚出生的婴儿头比较大，占整个身长的1/3，腿部和胳膊都很细小，肚子鼓，面部由于被羊水浸泡有很多褶皱。还有些新生儿鼻部会堆积粟粒疹，有的皮肤容易出现干燥症状，特别是手、脚部位，这些都是正常的生理现象，过些时间会自然痊愈和消失。

由于血液循环不健全，血液容易淤积于下肢，有些新生儿还会出现上半身发白，下半身发红的现象。特别是在躺下的时候，手脚容易发紫，如果抱起新生儿，手脚的颜色便会恢复正常。健康的足月新生儿，身高和体重正常，肤色红润，皮下脂肪丰满，哭声洪亮，有吸吮、吞咽和拥抱反射。

二、身长

正常新生儿的身长通常在47~53厘米。

三、囟门

正常新生儿前囟门平软，直径约为2.5厘米，如果出生后摸不到或有凹陷、饱满为异常。后囟门在出生后3个月内闭合。

四、脐部

新生儿脐部中间有一段被线结扎的脐带，里面是两根动脉和一根静脉。在产妇子宫内时，它们分别负责输送氧气、血液、营养物质和废物，出生后用脐带夹夹住或手术线结扎，剪断后会慢慢干燥，不久后自然脱落。在这个时期，保持脐部的清洁消毒很重要。

五、生殖器

正常女婴出生后数天，阴道口有时会出现一些白色分泌物甚至是少量出血，男婴阴囊会出现红肿，这是新生儿体内残存产妇分泌激素所致，通常数天后会自然消失。男婴刚出生时几乎都是包茎，不需要将包皮往回拉，也不需要刻意清洗。阴囊内有两颗丸状物，这是睾丸，但有少部分男婴出生时睾丸会在腹中，随着慢慢长大，会自然下降。

六、腹部

新生儿的腹肌发育尚不完善，腹壁较为松弛，腹部常受胃肠内容物的影响而变形。吃饱后，腹部比较膨隆，饿了或刚排过大便，腹部略显平坦。一般而言，新生儿的腹部通常看起来较大，胸部呈现圆锥形，肋骨呈水平状，呼吸主要靠腹肌和横膈膜。呼吸时，有时也能明显看出起伏。

七、眼睛

新生儿的眼睑肿胀或鼓起，这是由于产道挤压所致，在几天内消退。初生儿视力很差，不能聚焦，不过会慢慢调整。新生儿若出现眼部分泌物，排除穿盖得太多等原因，应适当警惕孩子眼部感染的可能性，及时找医生治疗，不要随便给新生儿使用眼药水或药膏。

八、乳房

新生儿不论男婴或女婴在出生时乳房都有肿大的现象，有时可能会有少量的乳汁产出，这是母体激素所致，稍后会自然恢复正常，严禁私自给新生儿挤乳头。

九、体毛

新生儿出生时，体表有不同程度的体毛，叫作胎毛。有些只有额头有一层浅浅的绒毛，而有些新生儿的肩上一直到脊背都有一层浓浓的毛。这些情况都属于正常现象，很快都会褪掉。

十、呼吸

新生儿呼吸比较快，有时节律不规则。正常新生儿安静状态下呼吸为每分钟40~60次。

十一、心率

新生儿心率比较快，每分钟140次左右。

十二、体温

新生儿体温调节能力比较差，体温一般在36℃~37℃，由于婴儿体温调节功能尚不完善，其体温容易随环境温度的变化而有所变化。新生儿皮下脂肪较薄，体表面积相对产热大，容易散热，因此要注意保暖，尤其是在冬季。

十三、大便

新生儿出生后会首先排胎便。胎便为墨绿色黏稠糊状物，这是胎儿在母体子宫中吞入羊水而形成的，出生后2~3天可排净。人工喂养的新生儿，多为成形便。母乳喂养的新生儿，正常应为金黄色的糊状便。

十四、睡眠

新生儿期是人一生中每天睡眠时间最长的时期，有些新生儿甚至还常睡着吃奶，然而，随着月龄的增长，婴儿的睡眠时间会渐渐变少，并且会形成规律。

第三节 新生儿的生理反射

健康的新生儿，从出生时就会有一些反射现象，这些反射是无意识的，医生通常会利用这些反射来检查婴儿的健康状况，并了解中枢神经系统发育状况。但这些反射如果经过专门训练会延续下去，如果不训练在一定时间后就会逐渐消失。下面是比较常见的一些反射：

一、拥抱反射

新生儿仰卧在检查台，用手托住其头颈，若此时突然轻轻放低，这时新生儿就会出现两臂外展伸直，继而屈曲内收到胸前，呈拥抱状，这种生理现象称为拥抱反射。

二、觅食反射

用手指抚弄新生儿面颊时，他就会张大嘴，头会转向刺激方向。该反射约0~3个月出现并在3~4个月时逐渐消失。

三、吸吮反射

将奶头或其他物品放入新生儿口中，新生儿就会有吸吮的动作，称为吸吮反射。

四、握持反射

将食指或小指分别自新生儿两手的小指侧缘伸进手心，轻压其手掌，他会紧紧抓住你的手指，这种反射被称为抓握反射。

五、游泳反射

浸入水中的新生儿会主动划动四肢，并下意识地屏住呼吸，这被称为游泳反射。在出生时存在，以后会逐渐消失，这是神经系统正常发育的指标。

六、踏步反射

从新生儿背后将手放在其手臂下方，并以拇指扶住其头部背侧，使新生儿直立，以其足部接触地面，新生儿的反应为髋与膝关节弯曲和受刺激的脚踩住地面。当轻缓地移动新生儿向前走时，以其一脚置于地面，另一脚会举步向前，这一系列动作被称为踏步反射。

七、爬行反射

让新生儿趴在床上，用手掌抵住其脚掌，他就会向前爬行，这种爬行并非自主意识下的活动而是一种先天能力，叫作爬行反射。

第四节　新生儿常见疾病

一、新生儿肺炎

新生儿肺炎是新生儿期常见的一种疾病，占住院新生儿疾病的第一位。

（一）症状

1. 呼吸加快

正常新生儿呼吸频率每分钟 40~60 次，新生儿肺炎患儿呼吸可增加到每分钟 60 次以上。新生儿肺容量小，很难通过加深呼吸幅度的方法达到提高通气的目的，因此在肺部出现病变后只能通过加快呼吸频率的方法提高通气量，所以呼吸快是新生儿肺炎最常见的临床表现。

2. 皮肤青紫

肺炎患儿可出现口周青紫，重症患儿口唇、指（趾）甲床、头面部和全身都可出现青紫，这是缺氧的表现。

3. 咳嗽

新生儿患羊水吸入性肺炎、胎粪吸入性肺炎和宫内感染性肺炎时往往没有鼻塞、流涕、咳嗽等呼吸道症状。而出生后感染性肺炎主要是通过呼吸道传播的，呼吸道症状相对明显，可表现为吃奶时的呛咳、单声咳以及短暂的咳嗽。

4. 口吐白沫

口吐白沫是新生儿肺炎的特征之一，白沫主要来源于气管内分泌物。

5. 发热

大部分患肺炎的新生儿不发热，即使发热体温也多为低热，持续时间多为2~3天，很少超过一周。

6. 其他症状

吃奶欠佳，精神弱，有的患儿还会出现腹泻、呕吐等消化道症状。

（二）肺炎类型及发病原因

孩子出生前后的不同时期，由于致病原因不同，肺炎的类型也不同，大致可以分为两类：一类是吸入性肺炎，另一类是感染性肺炎。

1. 吸入性肺炎

吸入性肺炎又包括羊水吸入性肺炎、胎粪吸入性肺炎和乳汁吸入性肺炎。

（1）羊水吸入性肺炎、胎粪吸入性肺炎主要发生在孩子出生前和出生时，由于种种原因引起胎儿宫内缺氧。胎儿缺氧后，会在子宫内产生呼吸动作，就可能吸入羊水和胎粪。这两种肺炎都比较严重，孩子一出生就有明显的病症，如呼吸困难、皮肤青紫等，需要住院治疗。

（2）乳汁吸入性肺炎

家庭护理中更应该引起注意的是乳汁吸入性肺炎，由于新生儿，特别是一些出生时体重较轻的新生儿，口咽部或食道的神经反射不成熟，肌肉运动不协调，常常发生呛奶或乳汁返流（溢奶）现象，乳汁被误吸入肺内，导致新生儿出现咳喘、气促、青紫等症状，误吸的乳汁越多，症状越重。

因此，在给孩子喂奶时一定要仔细，如果用奶瓶喂奶，奶嘴的孔要大小合适，喂奶时新生儿最好是半卧位，上半身稍垫高一点。喂奶后轻轻拍打新生儿背部，排出胃内的气体，再观察一会儿，发现有溢奶现象时，应及时抱起他，并轻轻拍打其后背。如果孩子呛咳比较严重，并有发憋、气促等情况，要及时到医院就诊。

2. 感染性肺炎

新生儿感染性肺炎包括出生前（宫内和分娩过程）和出生后感染性肺炎，可由病毒、细菌、原虫或衣原体引起。

（1）呼吸道途径：与呼吸道感染患者接触。

（2）血行感染：常为败血症的一部分。

（3）医源性途径：由于医用器械如吸痰器、雾化器、供氧面罩、气管插管等消毒不严格，或呼吸机使用时间过长，或通过医务人员手传播等引起感染性肺炎。

新生儿肺炎原则上都应该住院治疗，病情稳定的轻症肺炎也可以不住院，但是必须经过医生诊断，在医生的指导下治疗，同时要密切观察病情变化。

二、秋季腹泻

（一）临床表现

秋季腹泻又名轮状病毒腹泻，是一种好发于秋季的感染性肠炎，因为感染了轮状病毒而发病。患儿多见稀水样或稀糊便，但无腥臭味，常伴随高热、呕吐。此病是一种自限疾病，病程3~8天。此类腹泻的发病率仅次于急性呼吸道感染，如果不能及时有效地进行治疗，死亡率也很高。引起死亡的重要原因，是腹泻所导致的身体脱水和体内电解质紊乱。

（二）病因

秋季腹泻主要由于轮状病毒感染所引起（致病微生物可随污染的食物或水进入婴儿消化道），这种情况多发生于人工喂养儿，喂养时所用的器皿或食物如不经过消毒或消毒不佳，即有感染的可能。病毒也可通过呼吸道或水源感染，这种情况多发生在8~12月，以10~11月为最高峰。

（三）处理方法

1. 严重者需就医

严重腹泻、有脱水症状的患儿应及时到医院诊治，必要时应住院或接受输液治疗。

2. 不能吃止泻药

婴儿得了秋季腹泻后，不能给其吃成人用的止泻药。另外，秋季腹泻由轮状病毒感染引起，服用抗生素不但没有效果，而且还会扰乱肠道正常菌群的生长。

3. 调整饮食

只要没有剧烈的呕吐，患儿大多不用禁食。对剧烈呕吐的患儿需要禁食 4~6 小时后开始逐渐增加喂食。可适当减少喂奶次数，喂食糖盐水，减轻胃肠道负担。等病情得到控制后，开始恢复正常进食。应注意先从流质至半流质，再到软饭的逐渐过渡。

4. 预防脱水

要按少量多次的原则给患儿增加饮水（主要是白开水）。当患儿因为腹泻次数多，出现脱水症状，或已经被诊断为轻、中度脱水时，一般要给其用口服补液盐，对于中度以上脱水或吐泻严重的则需输液，以及时纠正脱水、电解质及酸碱平衡紊乱。

5. 保证休息

少带患儿到公共场所等人多的地方，保持室内空气新鲜、流通，以减少病毒感染的机会，避免去托儿所和其他公共场所，以免交叉传染。

6. 视情况做好隔离

家长护理患儿前后都要认真洗手，防止交叉感染，保持清洁，避免继发感染。每次便后都要为患儿清洗臀部，防止发生尿布皮炎，再涂些油脂类的药膏，以防被粪便尿液浸渍而出现“红屁股”。患儿用过的所有物品（尿布、衣被、玩具、图书等）都应进行彻底清洗、消毒，这样可以阻止传染。

三、鹅口疮

（一）临床表现

鹅口疮又名雪口病、白念菌病，是一种常见的儿童口腔疾病，实际上是一种白色念珠菌（真菌）感染，好发于颊、舌、软腭及口唇部的黏膜，周围无炎症反应，形似奶块，无痛，面积大小不等。白色的斑块不易用棉棒或湿纱布擦掉。擦去斑膜后，可见下方不出血的红色创面。

鹅口疮感染轻微时，白斑不易发现，也没有明显痛感，或仅在进食时有痛苦表情。严重时婴儿会因疼痛而烦躁不安、胃口不佳、啼哭、哺乳困难，有时伴有轻度发热。

受损的黏膜治疗不及时可能会不断扩大，进而蔓延到咽部、扁桃体、牙龈等，严重者可蔓延至食管、支气管，引起念珠菌性食管炎或肺念珠菌病，出现呼吸、吞咽困难，少数可并发慢性黏膜皮肤念珠菌病，影响终身免疫功能，甚至可继发其他细菌感染，造成败血症。

（二）病因

以下情况均可引起感染：

（1）产妇阴道有霉菌感染，婴儿出生时通过产道接触感染。

（2）奶瓶、奶嘴消毒不彻底，母乳喂养时产妇的奶头不清洁。

（3）接触感染念珠菌的食物、衣物和玩具。婴幼儿在6~7个月时开始长牙，在这一阶段，由于牙床会伴有轻度胀痛感，婴幼儿便爱咬手指和玩具，此时极易把细菌、霉菌带入口腔，引起感染。

（4）长期服用抗生素，或不适当应用激素治疗，造成体内菌群失调，霉菌乘虚而入。

（三）预防

（1）产妇有阴道霉菌病时应积极治疗，切断传染途径。

（2）婴儿进食的餐具清洗干净后再蒸10~15分钟。

(3) 产妇在喂奶前应用温水清洗乳晕和乳头；而且应经常洗澡、换内衣、剪指甲，每次抱孩子之前要洗手。

(4) 婴儿的被褥和玩具要定期拆洗、晾晒；婴儿的洗漱用具尽量和家长的分开，并定期消毒。

(5) 婴儿室应注意隔离和哺乳的消毒，以预防传播病菌。

(6) 过了新生儿期的婴儿应经常性地进行一些户外活动，以增加机体的抵抗力。

(四) 处理方法

(1) 健康新生儿一般可自愈。临床护理用1%碳酸氢钠溶液清洗口腔后，再涂用配制的制霉菌素溶液（10万-20万u/ml）涂口腔，每日3次。

(2) 经常保持口腔卫生，预防口腔炎症急性感染时要多喂水；高热时补充大量维生素；保持餐具、食品的清洁；长期应用抗生素和激素时，要加强口腔护理，发现鹅口疮及时处理，并停用抗生素。

(3) 严格执行消毒隔离制度，奶具、奶头要煮沸消毒或高压灭菌消毒。口腔护理前后要洗手，保护患儿避免继发感染和交叉感染。

(4) 加强营养，特别是要适量增加维生素 B_2 和维生素C。

四、先天性喉鸣

(一) 病因

因为喉骨软化，如会厌软骨软弱，吸气时阻塞喉入口，或者会厌皱襞软弱，吸气时两侧会厌皱襞互相靠拢，使喉腔变窄，吸气时气流经过变窄的喉腔产生喉鸣。

(二) 临床表现

新生儿出生后有吸气性喉鸣声，可伴吸气时胸骨上窝、锁骨上窝、剑突下凹陷，也可发生于出生后1~2个月，多为持续性，有时也为间歇性，患儿哭声无嘶哑。

(三) 治疗

如症状不严重，可暂不治疗。通常患儿长大至 2~3 岁时，随着喉部的发育，症状多可自行缓解。但平时应注意预防感冒，增加营养。如呼吸明显困难，医院会采用气管切开术进行诊治。

五、黄疸

新生儿黄疸分为生理性和病理性两种。类型不同，黄疸的症状也有所不同。

(一) 生理性黄疸

1. 症状

足月儿的生理性黄疸是在第 2~3 天开始，这时皮肤呈浅黄色，巩膜(白眼珠) 以蓝为主微带黄色，尿稍黄但不染尿布，第 4~5 天最黄，足月儿在第 10~14 天消退，检查肝功能正常、血清未结合胆红素增加。早产儿的生理性黄疸会出现得较早、较高，也持续较久，可延迟至 3~4 周消退。

新生儿出现生理性黄疸是一种正常现象，但家长也要注意密切观察。一般来说，生理性黄疸比较轻，血中胆红素浓度较低，不会影响小儿智力。

2. 产生原因

新生儿生理性黄疸是新生儿时期所特有的一种现象。一方面，由于胎儿在宫内低氧环境下，血液中的红细胞生成过多，且这类红细胞多不成熟，易被破坏，胎儿出生后，造成胆红素生成过多，约为成人的两倍。另一方面，新生儿肝脏功能不成熟，使胆红素代谢受限制等原因，造成新生儿在一段时间出现黄疸现象。

3. 家庭护理

生理性黄疸不需治疗，但应注意新生儿的保暖，适当提早喂养，供给足够的水分和热能，及早排出胎便，减少胆红素的肠肝循环，可以减轻生理性黄疸的程度。多吃、多排、勤喂水，晒太阳、游泳、洗澡都有助于黄疸快速消退，同时应注意与夹杂的病理性黄疸相鉴别。

（二）病理性黄疸

不论是何种原因，病理性黄疸严重时均可引起“核黄疸”，其预后较差，除了可能造成神经系统损害外，严重的还可能引起死亡。因此，新生儿病理性黄疸应重在预防，如孕期防止弓形体、风疹病毒的感染，尤其是在孕早期防止病毒感染；出生后防止败血症的发生；新生儿出生时接种乙肝疫苗等。平时要密切观察婴儿的黄疸变化，一旦发现有病理性黄疸的迹象，应及时送医院诊治。常见的病理性黄疸的类型有：

1. 新生儿母乳性黄疸

（1）症状。

在生理性黄疸高峰后黄疸继续加重，如继续哺乳，黄疸在高水平状态下继续一段时间后才缓慢下降，如停止哺乳48小时，黄疸明显下降，若再次哺乳，黄疸又上升。

（2）产生原因。

吃母乳新生儿发生黄疸称为母乳性黄疸，这是一种特殊类型的病理性黄疸。由于母乳中含有孕二醇激素，它可以抑制新生儿肝脏中葡萄糖醛酸转移酶的活力，致使血液中的胆红素不能及时进行代谢和排泄，于是血液中的胆红素浓度增加，出现新生儿皮肤和巩膜的黄染。

（3）家庭护理。

出现母乳性黄疸后，一般不会影响小儿的健康，也无发烧和食欲不好的症状。如及时停止喂母乳，黄疸大约在2~4天减弱，6~10天全部消失。母乳性黄疸一般不会引起神经系统的伤害，因此不必惊慌，停母乳时可用牛奶暂时替代，待黄疸好转后可以继续用母乳喂养。

2. 溶血性黄疸

（1）症状。

新生儿溶血性黄疸的特点是生后24小时内出现黄疸，且逐渐加重。

（2）产生原因。

溶血性黄疸最常见原因是 ABO 溶血，它是因为产妇与胎儿的血型不合引起的，以产妇血型为 O 型、胎儿血型为 A 型或 B 型最多见，且造成的黄疸较重；其他如产妇血型为 A 型、胎儿血型为 B 型或 AB 型，产妇血型为 B 型、胎儿血型为 A 型或 AB 型较少见，且造成的黄疸较轻。据报道，新生儿 ABO 血型不合溶血的发病率为 11.9%。

（3）治疗。

早期可进行换血疗法，如果是 ABO 血型引起的轻微症状，只要采用光照疗法即可。

3. 感染性黄疸

（1）症状。

表现为皮肤、巩膜、小便黄染，黄疸持续不退，出现的时间跟感染的时间有关。感染严重者造成胆管粘连受到阻塞，就会产生阻塞性黄疸。此时，患儿会出现因胆道阻塞，胆汁不能进入肠道而粪色变淡或呈陶土色。而胆红素还可以经肾脏排出，所以尿的颜色会加深。

（2）产生原因。

感染性黄疸是由于病毒感染或细菌感染等原因，使得肝细胞功能受损害而发生的黄疸。病毒感染多为宫内感染，以巨细胞病毒和乙型肝炎病毒感染最常见，其他感染如风疹病毒、EB 病毒、弓形体等较为少见。细菌感染以败血症黄疸最多见。

六、脂溢性皮炎

（一）症状

脂溢性皮炎好发于肥胖的新生儿，常发生于皮脂腺及汗腺丰富的部位，特别是头皮、眉际、耳后，偶见于躯干部。一般无明显炎症，仅在局部堆积厚薄不等的灰黄色或棕黄色油腻性痂盖或鳞屑，堆积成块，油腻腻的，洗也洗不掉，有的波及到眉区、鼻翼等处，有刺激性，有痒感，使新生儿烦躁不安，睡眠受到影响。初起时为许多丘疹，以后逐步扩大为不规则的红黄色斑疹，随着渗出液和鳞屑再结成痂皮，稍有痒感，时发时愈，严重者渗液甚多，易继发感染成脓疱。

（二）病因

新生儿脂溢性皮炎的病因尚不明，可能与受母体内分泌的影响，皮脂腺功能较为旺盛有关。

（三）护理要点

治疗方面应注意患处的污痂与鳞屑不宜用肥皂水洗涤。可每日数次用棉球蘸含2%水杨酸的花生油或菜油揩拭皮肤去痂，然后再搽含抗菌素和皮质类固醇激素的乳剂或软膏，也可搽30%白降汞软膏，内服核黄素或复合维生素B。患脂溢性皮炎的新生儿，本身皮肤的敏感性增高，有较高的渗出性，容易发生过敏。

七、脱水热

（一）症状

如果孩子出现热度升高，体温达38℃~40℃，并伴有无原因烦躁、啼哭不已，体重减轻，尿量减少的情况，但其他情况良好，无感染中毒症状，此时就要注意新生儿“脱水热”的发生。脱水热婴儿多表现为黏膜和皮肤干燥、烦渴、烦躁不安、肌张力增高等症状。

（二）产生原因

婴儿脱水热主要是由于新生儿体内水分不足而引起发热，造成这一原因的因素主要是：产妇坐月子中怕受凉，门窗关得很严，使环境气压过高，室温高，给孩子穿的多，在高温的情况下，婴儿呼吸过快，呼出的水分增多，皮肤蒸发的水分也很多，从而出现了脱水现象。

另外，在盛夏季节，室内温度过高，婴儿通过出汗等方式散发热量以调节体温，导致体内水分大量丢失，从而发生高渗性脱水。同时，新生儿刚出生的1~2天，母乳分泌不足，如果对新生儿脱水和需要补充水分认识不足，不能及时给新生儿补充足够的水分，就可能导致脱水。

(三) 护理要点

婴儿一旦发生脱水热，应做到及时发现，及时就医。在日常护理中，注意做到以下几点：

1. 补充水分

用奶瓶给婴儿喂服白开水，但不可强行灌服，应让其自由吸吮。

2. 控制室内温湿度

婴儿脱水热多发于盛夏季节，给婴儿补水的同时，应降低室内温度。在保持空气流通的前提下，可关闭门窗，拉住窗帘以遮挡阳光，使室内温度不致过高。如果室内干燥，可采取措施增加室内湿度。

3. 喂养充分

婴儿应摄入足够的水分才能保证身体水分的正常代谢。建议尽量母乳喂养，若母乳不足，可采取按需哺乳，做到勤吸吮，勤刺激，保证婴儿足够的水分和营养摄入。

八、泪囊炎

(一) 症状

新生儿通常是没有眼泪的，如果新生儿一出生就眼泪汪汪的，很可能是泪囊炎。典型表现有爱流泪，眼睛有分泌物，严重时，压迫泪囊区皮肤，能看到脓性分泌物从泪小点溢出。

(二) 产生原因

人的泪道由泪小点、泪小管和泪囊组成。胎儿时期，鼻泪管下端有一层薄膜，绝大多数新生儿在出生时，鼻泪管膜组织是完整无缺的，在泪腺开始分泌之前，就会破裂。如果这层薄膜没有破裂，这种情况多见于剖宫产的婴儿，那么，在泪腺开始分泌之后，泪也就会滞留在泪囊内，泪液长期堵塞于管道内，刺激管道腔黏膜并引起细菌感染，就会引起泪囊炎。

(三) 护理要点

治疗主要是按摩大眼角稍偏下部皮肤（泪囊区）促使鼻泪管下口开放，配合抗菌素眼液（如妥布霉素眼液）点眼。若上述治疗无效，年龄大于5个月的婴儿可以采用泪道冲洗或探通，必要时可进行泪道置管治疗。

随着孩子自身的发育，并经过按摩治疗，大多数新生儿泪囊炎患儿能痊愈。

第五节　新生儿常见生理现象

一、打喷嚏

新生儿常打喷嚏，但这并不是感冒的现象。因为新生儿鼻腔血液的运行较旺盛，鼻腔小且短，若有外界的微小物质如棉絮、绒毛或尘埃等，便会刺激鼻黏膜打喷嚏，这也可以认为是新生儿代替手自行清理鼻腔的一种方式。由于新生儿对光线十分敏感，在他们出生后最初几天张开眼睛时，往往都会打喷嚏，这是由于光刺激鼻子和眼神经的缘故。

在突然遇到冷空气时也会打喷嚏，只要婴儿没有流鼻涕，心情好，食欲没有变化，就不是感冒，可继续观察。如果新生儿出现皮肤青紫、咳嗽、鼻炎等其他不适时要看医生。随着月龄的增加，对外界环境的逐渐适应，新生儿打喷嚏的现象会逐渐减少。

二、打嗝

新生儿与成人一样，其胸腔和腹腔之间有一层被称为“膈肌”的很薄的肌肉，它把胸腔和腹腔分隔开来，起到分隔和保护胸、腹腔器官的作用。与成人不同的是，新生儿以腹式呼吸为主，膈肌是婴儿呼吸肌的一部分。当膈肌收缩时，胸腔扩大，引起吸气动作；膈肌松弛时，胸腔容量减少，引起呼气动作。

当新生儿吃奶过快或吸入冷空气时，都会使植物神经受到刺激，从而使膈肌发生突然收缩，引起迅速吸气并发出“嗝”的一声，当有节律地发出此种声音时，就是所谓的婴儿打嗝了。

新生儿打嗝不是病，不像大人想象的那样难受。新生儿打嗝多为自限性，一会儿就会好。如果新生儿出现了打嗝，适当地喝点奶或温水会比较好。另外，新生儿哭出声音来或者睡着了，打嗝也会停止。

三、头颅变形

顺产分娩的新生儿，先露部分的头顶由于受产道的挤压会造成局部水肿，形成产瘤，有产瘤的新生儿头部呈现一个高高的尖头顶。采用剖宫产娩出的新生儿，头部没有受到压迫，很少会出现产瘤。

由于分娩时产道的挤压导致新生儿颅骨骨膜下血管破裂、血液淤积而形成血肿。头颅血肿与产瘤都表现为新生儿的头部隆起，它们的区别是：产瘤隆起部分界限清楚，不会超过骨缝；血肿的吸收速度较慢，有时长达2个月之久。一般情况会自然痊愈，当发生感染或使新生儿黄疸加重，需要儿科医生鉴别处理。

四、脱皮

新生儿出生后从浸在羊水中的湿润环境转变为干燥环境，加之新陈代谢旺盛，其表皮会角质化为皮屑脱落。由于新生儿表皮与真皮之间的组织不够紧密，腕关节、踝关节等皱褶部以及躯干部还可出现脱皮现象。这在胎盘功能不全的过期产儿中更为明显。若出生时即有鱼鳞状脱皮就非生理现象。

由于新生儿生长旺盛导致其皮屑多，特别是在手指、脚趾处。蜕皮期间，可以在皮肤上涂些润滑油，避免蜕皮后皮肤小裂口处的感染。另外，不要撕掉新生儿的蜕皮，等待它自然脱落。

五、肢体屈曲

新生儿出生前，由于在子宫内的空间限制，胎儿的动作大多是头向胸，双手紧抱于胸前，腿蜷曲，手掌紧握的姿势，这是肢体长时间蜷缩的缘故，出生后新生儿常有四肢蜷曲，小腿轻度弯曲，两臂轻度外转，手掌握拳等现象。父母不必担心，这些都是暂时现象。

六、生理性体重下降

新生儿出生数日内，因摄入少，水分丢失、胎粪排出，而进食量没有形成规律等原因造成体重下降，一般不超过 10%，7~10 天恢复至出生时的体重。如果新生儿在出生 10 天以后，体重仍然不能恢复正常或下降得太多，则应去医院就诊，及早发现问题，给予相应的治疗。

七、生理性黄疸

生理性黄疸大多在出生后 2~3 天出现皮肤、黏膜及巩膜发黄，第 4~6 天达高峰，第 10~14 天消退，主要是胎儿出生后血氧分压突然升高，红细胞破坏很快，产生较多胆红素及肝功能不成熟等新生儿胆红素的代谢特点所致。

八、爱抓脸

新生儿的神经系统还没有发育完全，无法完全控制自己的手和脚，所以常会出现手脚乱移动，一不小心手就抓到脸的情况。婴儿的皮肤非常娇嫩，如果指甲比较长很有可能把自己的脸抓出疤痕。母婴护理师要及时给婴儿修剪指甲。婴儿的指甲很细小，需用新生儿专用指甲剪。也可选择给婴儿戴上手套，但是这样可能会妨碍婴儿触觉的发展，所以不可以长期给其穿戴手套。

九、乳腺肿大

产妇怀孕时体内雌激素与催乳素等含量逐渐增多，到分娩前达到最高峰，这些激素的功能在于促进母体的乳腺发育和乳汁分泌。而胎儿在母体内通过胎盘也受到这些激素的影响，因此不论男女，新生儿出生后第3~5天胸部都可发生稍微突起，有些甚至会分泌少许乳汁，俗称“新生儿乳”，这些都属于正常现象，一般生后2~3周可消退，切勿用力挤压，以防感染。

十、女婴假月经，男婴阴囊红肿

女婴在出生后1周内，可能会见到少量阴道流血，阴道分泌白带样物质。这是由于妊娠后期母体雌激素会进入胎儿体内，出生后雌激素影响突然中断，使子宫及阴道上皮组织脱落，形成“假月经”。不过，这种出血量少，几天后就会消失。

正常的男婴在出生时，阴囊内有个被称为“腹膜鞘状突”的囊袋应该自行闭合，成为一条极细的纤维索，其中的一小部分在睾丸外形成固有的鞘膜。但是，这个囊袋如果在婴儿出生时，没有自行闭合，就会和腹膜腔很小的孔道相通，因而使腹腔液流入囊袋中，和阴囊壁的分泌液一起，形成新生儿鞘膜积液，使婴儿的阴囊明显地肿大起来。

知识拓展

男婴阴囊肿大的病理原因

疝气也是导致男婴阴囊肿大的原因之一。先天性的疝气，产生原因为睾丸下至到阴囊后，由于鞘状突未能闭锁，因而形成一个被称为盲袋的疝囊；后天性的疝气多见于婴儿的腹壁肌肉尚未发育完全，加之腹壁也较松弛，常常在腹压增高时，如哭闹或剧烈活动，使腹腔的肠管从腹股沟管向腹壁突出，并且进入阴囊，阴囊因此变得肿大。

十一、马牙与螳螂嘴

新生儿牙床上常有一点一点的乳白色颗粒，少则1~2颗，多则数十颗，俗称“马牙”。是由于上皮细胞堆积形成，于出生后数周、数月自行消失。新生儿在口腔的两侧颊部各有一个较厚的脂肪隆起，俗称“螳螂嘴”，它有帮助新生儿吸吮的作用。不要用布擦拭或用针挑破，以免损伤黏膜，引起感染。

十二、溢奶

新生儿胃呈水平位，胃上面贲门括约肌发育不完善，胃下面幽门括约肌相对发育完善，入口松，出口紧，胃容量也小，所以在出生几个月内，一些婴儿都会或多或少地发生溢奶情况，并且难以完全避免。

婴儿嘴角边有少量溢奶，只要及时用小毛巾或纱布清理干净即可，避免新生儿换气不当，使奶水呛入气管，造成吸入性肺炎等疾病。

知识拓展

三种常见拍打嗝姿势

（1）直立抱在肩上。不论是站还是坐，产妇都要将婴儿尽量直立抱在肩膀上，以手部及身体的力量将婴儿轻轻扣住，再以手掌轻拍婴儿的上背部即可。

（2）端坐在大腿上。产妇坐着，让婴儿朝向自己坐在大腿上，用一直手的虎口处轻轻托住婴儿的下巴，另一只手轻拍婴儿的上背部即可。

（3）侧趴在大腿上。产妇坐好，双腿合拢，将婴儿横放，让其侧趴在腿上，婴儿头部略朝下。产妇以一只手扶住婴儿下半身，另一只手轻拍婴儿上背部即可。

十三、新生儿栗粒疹

新生儿粟粒疹是由于皮脂腺堆积形成，表现为针尖样，黄白色的小丘疹，多见于鼻尖、鼻翼、面额、下巴等处。患粟粒疹不痛不痒，没有其他不适症状。一般不需要治疗，注意保持皮肤清洁，切不可用手去挤捏。

十四、臀部淤青

臀部淤青是新生儿最常见的胎记，属先天性，蒙古人种（黄种人）尤为多见，所以又称蒙古斑。蒙古斑是出现于皮肤上的色素沉着，目前发生的原因不是很清楚，可能是胚胎发育过程中一些黑素细胞停留在真皮，延迟消失所致。通常是蓝灰色不规则且看似淤伤，主要发生于臀部。在儿童早期5~7岁可自行消退不留痕迹，偶持续于成年期甚至可能扩大。

十五、惊跳或四肢抖动

新生儿在睡眠时会有惊跳，这种情况在浅睡眠时比深睡眠多。当突然被碰触或听到很响的声音时，新生儿很容易受惊，可出现四肢和下颌的抖动，并容易哭泣。这些无意识、不协调的动作是由大脑皮层下中枢神经支配的，在新生儿期出现并无病理意义，这是由于新生儿神经系统发育不成熟所致。此时，只要用手轻轻按住婴儿身体的任何一个部分，就可以使婴儿安静下来。

但如频繁出现，应注意是否为神经系统兴奋性增高，并注意与新生儿抽搐或惊厥动作相鉴别。此时，应仔细观察新生儿是否易激惹，哭闹后是否难以被安慰，并打开他的包被，观察其自然姿势和自发动作。正常足月儿肢体均有一定的张力，四肢保持在屈曲状态，自发动作常舒展、徐缓。婴儿突然出现的肌张力改变，持续性的伸肌强直、肢体某一部位反复迅速地抽搐、阵发性痉挛，轻微型的惊厥，眼球水平位或垂直位的震颤、偏斜，眼睑反复抽动、眨眼等动作，均具有病理意义，应及时就诊。

本章练习

1. 在对早产儿的护理过程中，应注意什么？
2. 简述新生儿的生理指标。
3. 新生儿有哪些基本的生理反射？
4. 生理性黄疸和病理性黄疸有什么区别？

第七章　新生儿护理

第一节　新生儿生活起居照料

一、新生儿居室环境

在新生儿时期，孩子身体各器官发育不完善，生理功能不健全，适应外界环境能力很差，是一生中抵抗力最弱的阶段。为新生儿创造一个更理想的、适宜的、舒适又安全的居室环境，使其安全度过这个时期，对他以后的生长、发育、心理健康所起的作用是极其深远的。

（一）朝向

新生儿的房间最好选阳光充足的南向房间，当新生儿太小不能抱到室外晒太阳时，可打开玻璃窗，让阳光照射进来。同时，日照好的房间比较暖和，较容易达到新生儿居室的温度要求。

（二）温湿度

在所有儿科疾病中，发病率最高的可能就是呼吸道疾病了，而温度和湿度是否合适，是重要因素之一。因为新生儿体温调节中枢发育尚不成熟，体温受外界影响很大，所以室温保持在18℃~24℃、湿度45%~70%是最适宜的。

1. 温度

在18℃~24℃的温度条件下，新生儿不会因寒冷而过多耗能，也不会因室温过高导致脱水热，因此，这是新生儿的理想室温。

为维持室温，夏季应注意房间通风，但应注意避免对流风。室温过高时，可用电扇吹墙壁、湿布拖地、开空调等来调节。夏季室外温度高达37℃～38℃甚至更高时，可以开空调把室温控制在28℃～30℃。空调也不必24小时连续开机，一般在白天可以间断开几次，夜晚开窗通风即可。

对于出生体重小于2300克的新生儿必须提供额外的保暖设施，室温必须达到24℃以上，也就是说，新生儿出生体重越低对环境温度要求越高。

2. 湿度

湿度对新生儿的呼吸道健康非常重要，湿度保持在45%～70%是基本的要求。如果湿度太低，新生儿的呼吸道黏膜就会干燥而使黏膜防御功能下降，还会使呼吸道的纤毛功能受到损害，这样一来势必降低新生儿对细菌及病毒的抵抗能力，引起呼吸道感染。在南方地区，室内的湿度标准一般都可以达到。但对于生活在北方地区的新生儿来讲，室内想达到上述湿度标准需采取一定措施。

（三）婴儿床

最好为新生儿提供一个独自生活的场所。最好是在产妇看得见，便于照料的位置放置一张小床。如果房间空间不足，也可以放一个摇篮在桌子上。

新生儿的小床首先要结实、安全；其次四周要有栅栏，栅栏间距小于9厘米，仅可让小儿拳头可以伸出。床垫不可过于松软，栅栏要比床垫起码高出50厘米。为避免风直接吹到新生儿头部，可以在床头侧摆放大毛巾挡风。在新生儿容易看到的窗栏位置还可挂些色彩鲜艳的玩具，在新生儿醒来时逗他玩。

（四）光照

室内的光线最好能调整，当新生儿睡眠时，光线应适当地调暗一些。对新生儿来说，过大的声音不利于健康。因此，如果周围环境嘈杂，隔壁人家在装修，家长应在孩子出生前就做好应对措施。

（五）空气

现在很多家庭搬迁新居或刚装修过，这时要注意油漆、大型板材、大理石、水泥中超标的甲醛、苯、氨、放射性氡等有害物质，经过充分晾散，检测安全后，才能让孩子居住。

家中如果有人吸烟，烟雾中的各种有毒元素对新生儿都会造成伤害。因此，在有新生儿的房间中绝对不能抽烟。另外，新生儿室内也不宜铺地毯，因为地毯中宜藏有灰尘和螨虫，不但会致病还会致敏，还可能会成为新生儿哮喘的根源。

二、每日常规工作

（一）整理婴儿用品

1. 整理新生儿的衣物

包括：被子、褥子、衣服、裤子、袜子、包单、枕巾、浴巾，选择合理位置分类摆放。

2. 整理新生儿的护理用品

包括：75%的医用酒精、医用棉棒、新生儿专用护理棉棒、纸尿裤、尿布、小方巾、拍嗝垫巾、湿纸巾、卫生纸、指甲刀或指甲剪、润肤油或润肤露、天然爽身粉以及冲洗器，选择合理位置分类摆放。

3. 整理洗浴用品

包括：洗发露、浴液、浴盆、水温计，选择合理位置分类摆放。

4. 整理奶具、消毒用具

包括：奶瓶、水瓶、奶瓶刷、夹子、消毒锅，选择合理位置分类摆放。

5. 整理早教用品

包括：图片、画册、歌谣光盘、音乐光盘、故事光盘、播音设施，选择合理位置分类摆放。

6. 及时更换纸尿裤或尿布等

由于新生儿不能自主控制排尿，目前常用的是尿布和纸尿裤。用尿布透气、舒适，用纸尿裤不用太频繁地查看新生儿是否拉了或尿了，晚上睡觉用纸尿裤，尿便不会侵蚀新生儿的肌肤。但是，无论尿布还是纸尿裤，如果护理不得法，都会造成尿布疹，俗称“红臀”。

（二）新生儿哺喂

足月生产的新生儿在出生后半个小时就可以进行母乳喂养，这样能够促进母乳的分泌，减轻新生儿生理性黄疸以及生理性体重下降、低血糖的发生，同时对产妇自身的恢复也有很大好处。一般来说应按照新生儿的需求来进行喂养，不用刻意地限制次数、限定时间。

如果是没有母乳的，就需要使用配方奶粉进行人工喂养，人工喂养的新生儿必须按顿喂哺，两奶之间须加水。

早产儿因为先天不足，更需要摄取母乳中的营养成分。不过在喂养量的把握上，要注意胎龄越小、体重越轻的，每次的喂养量越少，间隔喂养的时间也要有所缩短。同时也要关注有无胀肚、呕吐等情况。

（三）新生儿洗澡、抚触

给新生儿洗澡、抚触是每天的常规工作内容。高级母婴护理师应熟练掌握给新生儿洗澡、抚触的技能。

（四）新生儿游泳

80 后、90 后父母消费意识超前，生怕自己的婴儿输在起跑线上，许多家长要求给婴儿做游泳锻炼。但作为母婴护理师，是否要给婴儿游泳，要听从客户的安排。

（五）新生儿被动操

新生儿每天除了吃喝拉撒，剩下的时间几乎都处于睡眠状态，觉醒的时候很少，为了不影响婴儿正常休息，被动操不是每天必须做。但对于某些高需求婴儿，觉醒的时间会多一些，被动操正好可以起到安抚作用。

（六）新生儿安抚

母婴护理师还应善于判断新生儿哭啼的原因，并为其解决所需。三四个月之前的婴儿哭得最为频繁，随着他对周围环境的不断探索适应，会逐渐学会自我安抚的办法，如果对婴儿进行有效安抚，他的哭闹会明显减少。

（七）清洗、晾晒、整理新生儿的衣物

新生儿容易出汗，衣物如果没有清洗干净会滋生细菌，最常见的后果就是皮肤发痒、红疹，更有甚者会有脂溢性皮肤炎。为了防止新生儿患皮肤病，有效的衣物清洁非常重要。另外，新生儿的衣物一定要跟大人的衣物分开清洗、晾晒，避免交叉感染。

（八）新生儿五官护理

新生儿常见的五官问题有眼角发红，睡醒后有眼屎，鼻孔堵塞影响呼吸等。作为每天必做的日常护理，母婴护理师应熟练掌握五官护理的技巧。

（九）新生儿脐带护理

胎盘是与产妇的子宫内壁相连的，而胎儿与胎盘之间的连接就依靠脐带了。胎儿通过胎盘吸收成长发育所需的营养和氧气，脐带就是传送的通道。

婴儿出生之后，脐带仍与胎盘相连，医生会用专业的处理方法将脐带剪断，脐带则将有一小段残余部分裸露在外，并由护士用纱布包扎好。如果脐带处理不当，婴儿很有可能患上新生儿破伤风或者败血症等疾病。所以新生儿的脐带护理工作非常重要。

（十）新生儿黄疸观察

早期新生儿轻度黄疸不会有严重后果，但重度黄疸在早期新生儿可引

起胆红素脑病（核黄疸）。核黄疸不仅会危及生命，幸存者可因神经系统受损终生致残。中、重度新生儿高胆红素血症可引起听觉损害，脑干听觉诱发电位异常。所以，正确掌握黄疸观察的方法，是每个母婴护理师必须掌握的知识。

三、婴儿哭声辨识与安抚

哭是婴儿的本能性反应。婴儿还不具备语言表达能力，哭闹是他们表达感情、对外界刺激反应的重要方式。不同的哭声表示不同的需求和反应。但有些婴儿过多哭闹，亦可为疾病的信号。

1. 婴儿热了

当婴儿感到热时，他的哭声响亮有力，还会四肢舞动，皮肤潮红。应对方法是适当为婴儿减少衣被，或调整室内温度，或将其移至凉爽的地方。若婴儿大汗淋漓，需及时擦汗换干爽衣被。

2. 婴儿冷了

当婴儿感到冷时，他的哭声轻微乏力，肢体少动甚至蜷缩，嘴唇发青，手脚冰凉。应对方法是为婴儿增加衣被，或适当调整室内温度，或将婴儿移至温暖的地方。注意安全使用取暖工具，以防烫（灼）伤。特殊情况下也可以怀抱取暖，通常以颈背部温暖为穿盖暖和的标准。

3. 婴儿饿了

婴儿饿时，开始时的哭声不急不缓，很有节奏，同时脑袋左右转动，小嘴试图吸吮。如果不喂奶，哭声会逐渐变得洪亮，一旦喂奶，哭声就戛然而止。如果婴儿吮吸 3~5 分钟后，突然又大声哭泣，可能是奶孔太大，奶水太冲，呛奶了；或是奶孔太小，奶水吸不出来；或是奶水过热、过冷等，遇到这种情况应及时调整。

4. 婴儿渴了

婴儿渴时的表现跟饿时很相似，但当给婴儿喂奶后，他往往没喝多少就不喝了，过一会儿还会哭起来，同时嘴唇有干裂的现象。

5. 婴儿便便了

大多出现在睡醒时和吃奶后，通常哭声较轻无泪，伴随双眉紧锁身体扭动双腿蹬被，解便便前有时伴随小脸涨红做用力状，若是无人应答哭声会慢慢停止。

6. 婴儿肚子痛

绝大多数婴儿在不同时期都会产生腹胀、腹痛、肠绞痛等问题，症状主要表现是在傍晚或上半夜，婴儿无法自行入睡，抱着就睡，放下就醒，或者出现无法安抚的尖声哭闹。

7. 不舒服

宝宝不舒服时的哭声绵延不绝，伴随各种小动作。这里说的“不舒服”是没有伴随其他不适症状的非疾病状态。这时应首先排除婴儿既不是因为饥饿，也不是因为尿湿或者其他常见的原因，这时候，请你务必从头到脚仔仔细细检查婴儿身体的每一处——也许婴儿吃太撑了，也许他需要拍个嗝，也许他的耳朵里进了点水，也许他想换个睡觉的姿势，也许尿布穿得太紧了，也许鞋子或袜子太勒脚，也许只是因为一根缠绕在手指头上的发丝，这需要母婴护理人员有足够的细心和耐心。

第二节　新生儿的身体护理

一、新生儿的正确抱法

新生儿颈肌还没有发育完全，在3个月内，仍应以躺为主。

(一) 抱新生儿时注意事项

(1) 抱起新生儿前要先打招呼，可用眼神或说话声音逗引，使新生儿注意到，一边逗引，一边伸手将他慢慢抱起。如果贸然抱起婴儿，容易使他受到惊吓。

(2) 新生儿要横抱，不宜竖抱。竖抱新生儿时，头部的重量会全部压在颈椎上。在1~2个月时，婴儿颈肌还没有发育完全，颈部肌肉无力，不正确的竖抱姿势会对婴儿的脊椎造成损伤。

(3) 抱起新生儿时一定要托住其颈部，防止新生儿头颈过伸或过屈损伤脊柱。

(二) 抱婴儿的姿势

1. 托抱式

用一手托住婴儿的头颈联合处，另一只手托住他的屁股和腰。这一方法比较多用于把婴儿从床上抱起和放下，或者是将婴儿交于旁人时。

2. 摇篮式

将婴儿的头颈联合处放在肘弯里，肘部护着婴儿的头，手及手腕护住其背和腰部，另一手小臂环绕护着婴儿的腿部，托着婴儿的屁股和腰部。这一方法是婴儿护理中比较常用的姿势。

二、五官护理

(一) 眼部护理

眼部有分泌物时，可用生理盐水或者 3% 的硼酸棉球由内向外轻轻拭净，再点眼药水（眼药水应由医院开取，护理人员不得私自用药）。新生儿眼部分泌物较多，每天早晨要用专用毛巾或消毒棉签蘸温开水从眼内角向外轻轻擦拭去除分泌物。

(二) 耳部护理

一般新生儿的耳屎呈浅黄色片状，也有些新生儿的耳屎呈油膏状，附着在外耳道壁上，少量耳屎可起保护听力的作用，一般不需要特殊处理。这些耳屎在新生儿吃奶时，一般会随着面颊的活动而松动，进而自行掉出。

每次洗澡后用干棉签擦干外耳道水渍，有分泌物的用棉签轻轻擦去。如果发现新生儿的耳屎包结成硬块，千万不要在家自行掏挖，应到医院五官科请医生诊治。

（三）鼻部护理

新生儿鼻黏膜柔软而富有血管，遇到轻微刺激容易充血、水肿，使原来较狭窄的鼻腔更加狭窄而致呼吸不畅、烦躁不安。另外，鼻腔分泌物也是造成新生儿鼻塞的重要原因。

新生儿只能使用鼻子进行呼吸，还不会用嘴巴呼吸，如果鼻子被堵住就会阻碍呼吸，严重的可能造成呼吸困难。所以，父母要注意经常观察新生儿的鼻孔，及时清理鼻垢和鼻涕。

1. 鼻腔清理方式

新生儿鼻内分泌物要及时清理，以免结痂。有效的方法是：把消毒纱布或婴儿专业纸巾一角，按顺时针方向捻成捻儿，轻轻放入新生儿鼻腔内，再逆时针方向边捻动边向外拉，就可以把鼻内分泌物带出，重复几次，不会损伤鼻黏膜。也可以使用棉签或消毒棉球，蘸温水后浅浅探入鼻孔，在鼻腔里轻轻旋转将分泌物带出，但是不要探入过深。

如果新生儿鼻腔内没有分泌物，可是鼻子仍不通气，这可能是由于炎症使鼻黏膜充血肿胀造成的。遇到这种情况时，可使用温热毛巾局部湿敷，对鼻部通气很有帮助。婴儿专用鱼肝油也有很好的修复鼻黏膜、消除水肿的作用。

2. 清理鼻腔注意事项

吸鼻器固然可以清理鼻内分泌物，但分泌物较少时，没有必要使用吸鼻器。清理时要用手将孩子的头部固定好，遇到固结的鼻垢和鼻涕，不可硬拨、硬扯，而应先用1滴温水湿润浸泡软后再取出。

新生儿皮肤或黏膜比较薄嫩，不要随意抠挖其鼻孔。为新生儿清理鼻腔分泌物时，动作必须轻柔，不能用力过猛，以免带来不必要的伤害。

另外，新生儿在趴着锻炼抬头的过程中，会把脸在床面上来回蹭，也会使鼻腔中分泌物软化掉出来。这一过程中要严密观察婴儿，注意保证他的安全。

（四）口腔护理

婴儿通常在4~6个月萌生第一颗乳牙，在新生儿尚未出牙之前，他们的口水可以起到清洁口腔的作用。最好能谨记以下护理常识，让婴儿远离疾病，有个好胃口。

1. 勤喂温开水

无论是母乳喂养还是人工喂养，均应养成有规律的饮水习惯。尤其是当婴儿生病发烧、感染时，更应勤喂温开水，这样不仅可去除口内的奶渣，避免因口腔中细菌的发酵产生异味，也有利于体内循环，防止便秘的发生。

2. 注意清洁

对于母乳喂养的婴儿来说，产妇在喂哺前应用肥皂清洗双手和乳头，擦拭乳头的毛巾也应消毒后再使用。人工喂养的婴儿，奶瓶及滴管均应清洗干净并消毒后才能给婴儿使用。测奶液温度时，母婴护理师可以在手背上滴一滴，而不要直接吸橡皮奶嘴，以避免细菌传播。

婴儿抵抗能力差，不要过分亲吻婴儿，否则会将大人口中的致病微生物，如细菌、病毒等传染给婴儿。

3. 不要让婴儿含着奶嘴入睡

婴儿有很强的依赖性，比如有些孩子喜欢含着奶嘴入睡，而父母为了安抚婴儿，也喜欢让婴儿含着奶嘴入睡，这种错误方式是造成婴儿奶瓶龋的主要原因。另外，也不要让婴儿含空奶嘴入睡，这会限制婴儿口腔内正常的唾液分泌，还会对婴儿牙齿的生长造成影响。

三、修剪指甲

由于婴儿指甲生长的速度比成人要快得多，指甲以每天0.01毫米，也就是一个月3厘米左右的速度生长。若指甲太长容易藏污纳垢，传播疾病，同时也容易折断，甚至伤到自己。若是婴儿有异位性皮肤炎或是被蚊虫叮咬不适时，常会无法控制地用手去抓，很容易抓破自己柔嫩的皮肤，甚至引起感染。所以定期为婴儿修剪指甲，可保持皮肤清洁，也可以防止病从口入。

给婴儿用的指甲剪前部应是钝头的呈弧形的小剪刀或指甲剪。剪指甲时将一手的拇指和食指牢固地握住婴儿的手指，另一手持剪刀从甲缘的一端沿着指甲的自然弯曲轻轻地转动剪刀，将指甲剪下，切不可使剪刀紧贴到指甲尖处，以防剪到指甲下的嫩肉，而剪伤婴儿的手指。不要剪得太深或太多，以免剪伤皮肤；此外，不要剪得过短，以免损伤甲床。

剪好后检查一下指甲缘处有无方角或尖刺，若有应修剪成圆弧形。最好在新生儿吃奶或熟睡时剪，以防其乱动。

四、臀部护理

（一）尿布疹的护理

尿布疹是指在新生儿的肛门附近、臀部、会阴部等处皮肤发红，有斑丘疹或疱疹，又称新生儿红臀。新生儿很容易发生臀红现象，控制好了，也会很快消失。婴儿的皮肤很娇嫩，稍微一点刺激就会引发红臀，所以应精心护理。

1. 发生的原因

新生儿的臀部皮肤非常娇嫩，尿、便、尿布上残存的洗衣剂刺激，都有可能导致尿布疹，应该引起注意。

2. 护理要点

护理的要点主要有：

（1）及时更换尿布或纸尿裤。

（2）每次换纸尿裤或尿布时，一定要用婴儿臀部专用的湿纸巾彻底擦干净粪便、尿液。

（3）之后要在婴儿皮肤贴合部位及褶皱处涂抹鞣酸软膏或者护臀霜。

知识拓展

婴儿的皮肤娇嫩，如果臀部洗得太频繁会破坏其皮脂层，容易产生尿布疹。可适当用婴儿臀部专用“湿纸巾”，臀部专用湿纸巾内含润肤成分，可以在不破坏皮脂层的前提下清洁婴儿的皮肤，同时，还可以在皮肤上形成一层保护膜，有效预防尿布疹。

(二) 纸尿裤的更换方法 (如图 7-1 所示)

纸尿裤的更换方法和步骤如下图所示：

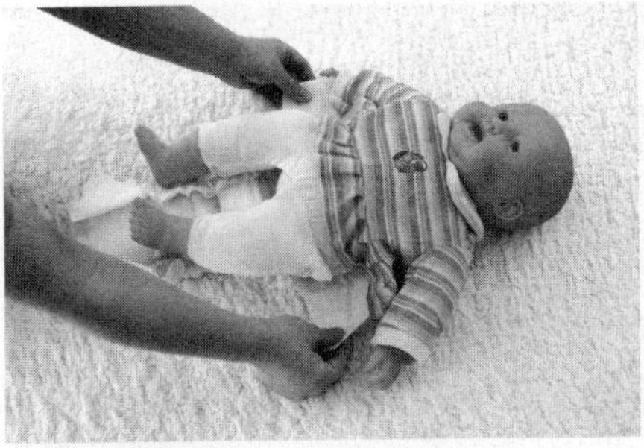
1

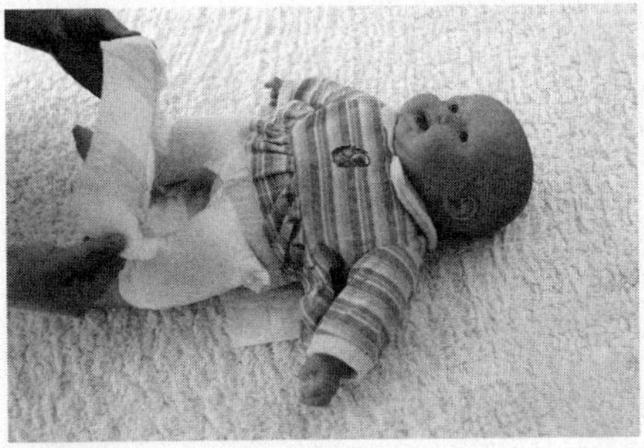
2

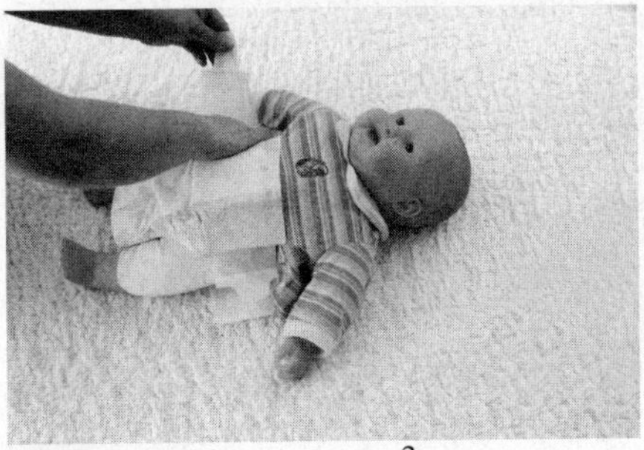
3

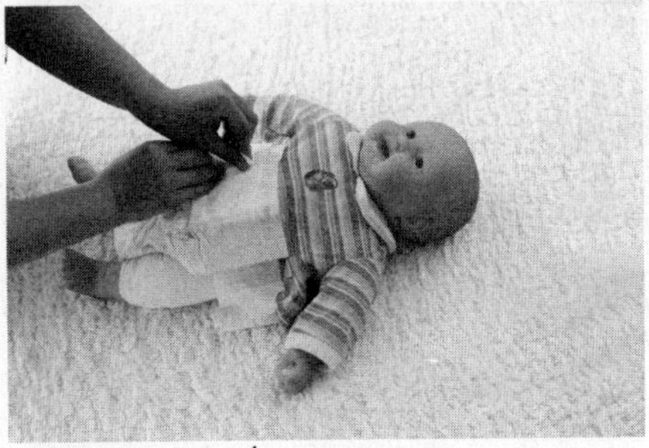
4

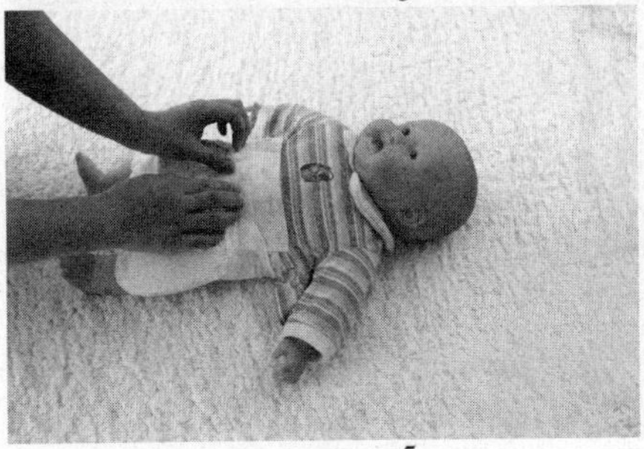
5

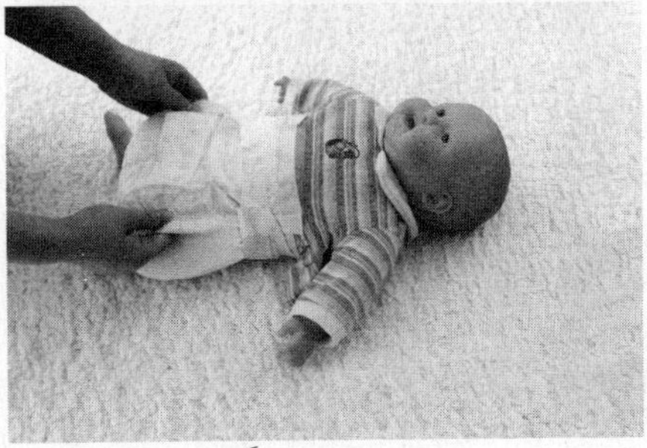
6

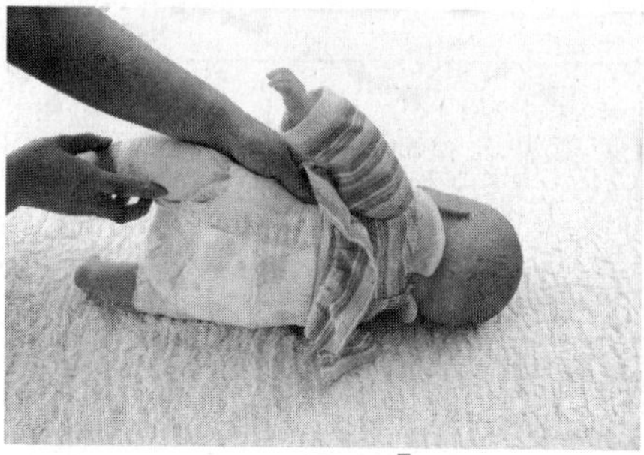
7

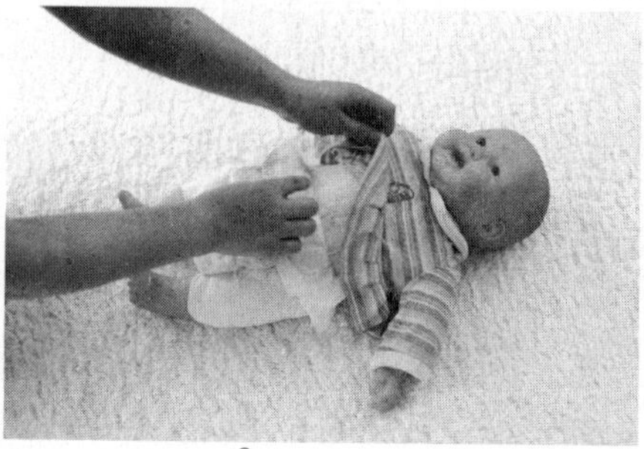
8

图 7-1　纸尿裤的更换方法

（三）尿布的折叠方法（如图 7-2 所示）

尿布的具体折叠方法和步骤如下图所示：

1

2

3

4

5

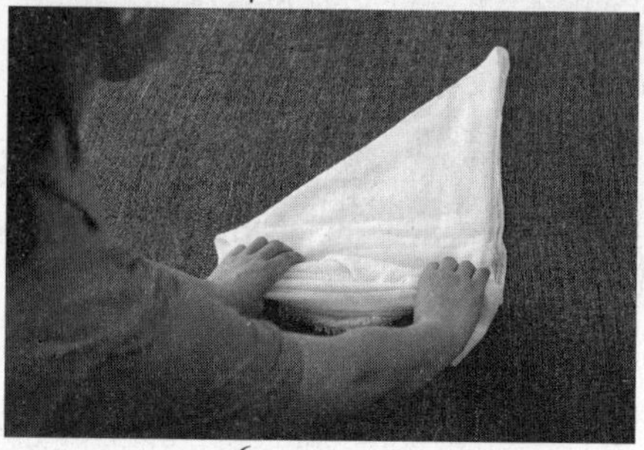
6

7

8

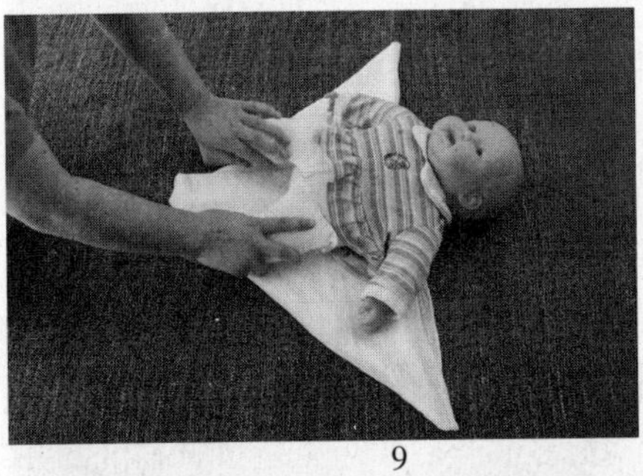

9

10

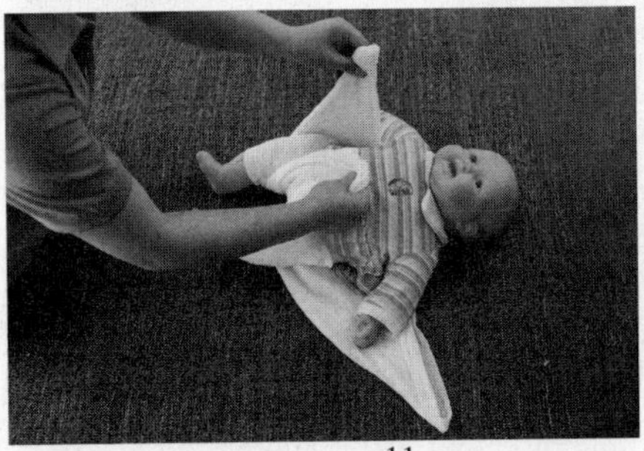

11

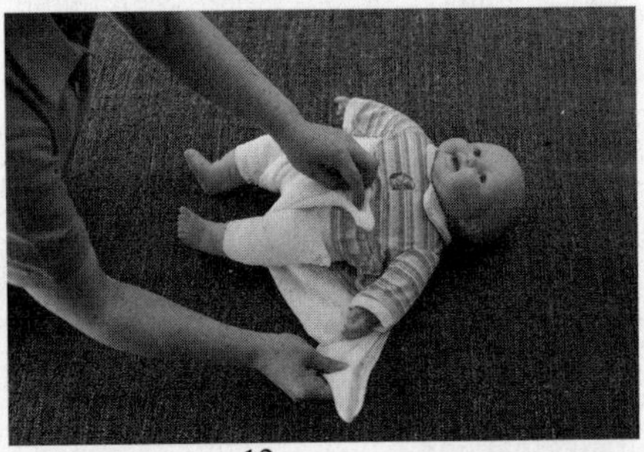

12

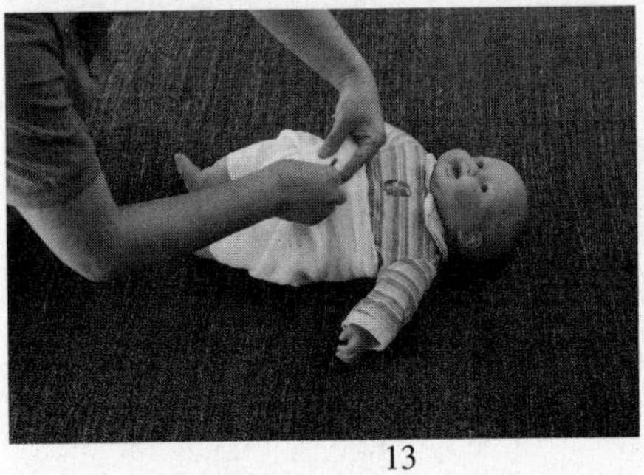

13

14

图 7-2　尿布的折叠方法

五、皮肤护理

（一）红斑

1. 定义

红斑的形状不一、大小不等、位置不定，颜色鲜红，分布全身，边缘与皮肤平，严重的红斑中间有小的白色突起。新生儿无明显不适感。临床观察证实大多数新生儿红斑具有自限性，无须特殊治疗。

2. 产生原因

（1）新生儿经乳汁并通过胃肠道吸收了某些致敏源，或来自母体的内分泌激素而致新生儿过敏反应。

（2）新生儿皮肤娇嫩，皮下血管丰富，角质层发育不完善，当胎儿从母体娩出，从羊水浸泡中来到干燥的环境，同时受到空气、衣服和洗澡用品的刺激而产生。

3. 护理要点

（1）当环境温度过高时，红斑会加重，故应及时调整环境温度。

（2）减少衣物后，症状会明显缓解或消失。

（二）湿疹

1. 定义

湿疹通常又称奶癣，是一种变态反应性皮肤病，婴儿比较常见。主要原因是对食入物、吸入物或接触物不耐受或过敏所致。遇热、遇湿都可使湿疹表现显著。本病多见于生后1~3个月的婴儿，6个月以后逐渐减轻，1岁半以后大多逐渐自愈，秋冬季多发病。如果出现症状反复时，可能转成慢性湿疹。

2. 症状

湿疹可发生在身体的任何部位。主要表现为起初皮肤发红，继之皮肤发糙、脱屑，皮肤上对称出现针头大小的丘疹、疱疹，且往往弥漫联合成片，伴有剧烈瘙痒。

3. 产生原因

湿疹的根源是胃肠道系统的不完善，某些过敏性体质的婴儿吃进去的过敏原易透过较薄的肠壁进入血液中，由于皮下毛细血管最丰富，所以湿疹就立刻表现在皮肤上。等婴儿胃肠道系统趋于完善，湿疹也会有所好转。

4. 护理要点

（1）喂养和饮食。

①预防异体蛋白过敏：

· 母乳喂养可以减轻湿疹的程度。

· 蛋白类辅食应该晚一些添加，如鸡蛋、鱼、虾类，一般婴儿从 4 个月开始逐渐添加，而有湿疹的婴儿，建议晚 1~2 个月添加，且添加的速度要慢。

· 有牛奶过敏史的婴儿，可用豆浆、羊奶等代替牛奶喂养。对鸡蛋过敏的婴儿可单吃蛋黄。

②预防其他过敏的食物：

· 如果已经发现某种食物食用后会出现湿疹，则应尽量避免再次进食这类食物。

· 婴儿以清淡饮食为好，应该少些盐分，以免体内积液太多而易发湿疹。

（2）衣物方面。

①婴儿的衣物和床上用品要选用纯棉质地的，衣被不宜用丝、毛及化纤等制品。

②衣服穿得要略偏凉，衣着应较宽松、轻软，要经常更换，保持干爽，避免过热和出汗。

（3）环境方面。

①室内温度、湿度不宜过高，否则会使湿疹痒感加重。

②环境中要最大限度地减少过敏原，以降低刺激引起的过敏反应。家里不养宠物，如鸟、猫、狗等。室内要通风，不放地毯，不抽烟。打扫卫

生最好是湿擦，避免扬尘，或用吸尘器处理家里灰尘多的地方，如窗帘、框架等地。

（4）洗浴护肤方面。

以温水洗浴最好，避免用去脂强的碱性洗浴用品，应选择偏酸性的洗浴用品。护肤用品选择低敏或抗敏制剂护肤，及时预防过敏的发生。

（5）保持婴儿大便通畅，睡眠充足。

睡觉前为婴儿进行节奏性肢体运动 20 分钟左右，既可以增加机体抗敏能力，又有利于胃肠功能和提高婴儿睡眠质量。

（6）对于婴儿湿疹在平时可以用中药成分的外用药进行外涂，来达到治理修复的目的。

（三）痱子

1. 定义

痱子是夏季或炎热环境下常见的表浅性、炎症性皮肤病。

2. 症状

皮损为针尖至针头大小的浅表性小水疱，壁薄、清亮，周围无红晕，轻擦易破，干涸后留有细小鳞屑，好发于皱襞部位。有自限性，一般无自觉症状。

3. 致病原因

由于环境中气温高、湿度大，出汗过多，不易蒸发，汗液使表皮角质层浸渍，致使汗腺导管口变窄或阻塞，汗腺导管内汗液潴留后因内压增高而发生破裂，外溢的汗液渗入并刺激周围组织而于汗孔处出现丘疹、丘疱疹和小水疱。细菌繁殖、产生毒素，可加重炎症反应。

4. 预防

（1）保持室内通风、穿着凉爽，以减少出汗和利于汗液蒸发。

（2）衣着宜宽大，便于汗液蒸发，并应及时更换潮湿衣服。

（3）经常保持皮肤清洁干燥，常用干毛巾擦汗或用温水勤洗澡。

（4）痱子发生后，避免搔抓，防止继发感染。

5. 护理要点

(1) 局部治疗。局部外用清凉粉剂如痱子粉外扑，或用清凉止痒洗剂如1%薄荷炉甘石洗剂、1%薄荷酊，涂抹脓痱可外用2%鱼石炉甘石洗剂、黄连扑粉。

(2) 全身疗法。瘙痒明显时口服抗组胺药，脓痱感染时选用抗生素。

知识拓展

痱子与湿疹的区别

夏天到了，痱子和湿疹都开始出现在婴儿身上。二者的区别如下：

1. 产生原因不同

痱子是由于汗孔阻塞引起的，而湿疹的常见原因有：进食如鱼、虾、蛋、牛肉、羊肉等食物；吸入某种花粉、尘螨、羊毛等；病灶感染如扁桃体炎等；生活环境中的日光、炎热、干燥等；接触了化学物质，如化妆品、肥皂等；消化不良、胃功能失调、新陈代谢失常等。由此可以看出，痱子是暂时性疾病，湿疹是慢性病程。

2. 发生时节不同

痱子多发生在夏季，而湿疹一年四季都可能发生，也不论男女老幼。湿疹常在冬季复发或加剧，有渗出倾向，慢性病程，易反复发作。

3. 出现部位不同

痱子多出现在颈、胸背、肘窝、腘窝等部位，婴儿可发生在头部、前额等多汗部位。湿疹可发生于任何部位，多发生在面颊部、前额、眉弓、耳后等部位。

4. 症状不同

痱子其实是汗腺的轻度发炎，初起时皮肤发红，然后出现针头大小的红色丘疹或丘疱疹，密集成片，其中有些丘疹呈脓性。生了痱子后剧痒、疼痛，有时还会有一阵阵热辣的灼痛感。

湿疹是一种表皮及真皮浅层的炎症性皮肤病，开始时皮肤发红，上面有针头大小的红色丘疹。表现具有对称性、渗出性、瘙痒性、多形性和复发性等特点。湿疹以皮疹多样性，对称分布、剧烈瘙痒反复发作、易演变成慢性为特征。

六、脐部护理

（一）脐部护理的重要性

胎儿在子宫中通过胎盘吸收养分和氧气，胎盘连接在母体的子宫内壁上。而胎儿和胎盘之间就是通过脐带连接的。当新生儿呱呱坠地时，医生会剪开连着产妇和胎儿的脐带，待脐带伤口所结的痂掉了，就会留下痕迹，这痕迹就是肚脐了。

正常的脐带含有两条脐动脉、一条脐静脉，作为母体和胎儿间的联络网，在产妇子宫内时，它们分别负责输送氧气、血液、营养物质和废物。当胎儿出生之后，这些动静脉即渐行退化萎缩成细小韧带，一般在出生二十天以后，脐带不再和体内各器官相通。

所以，脐带脱落后要消毒，并观察新生儿脐部是否有异常。

（二）脐带脱落的时间

每个新生儿脐带脱落时间不同，正常是1~2周，慢的需要一个月左右，只要脐带没有发炎或渗出、出血，都是正常的。影响脐带脱落的因素很多，脐带的粗细，医生结扎的方式、松紧、高度都有影响，与消毒方式并无太大关系。

（三）脐部护理步骤

1. 脐带脱落前

使用75%的医用酒精和消毒棉棒，棉棒蘸取酒精后夹在左手中指和无名指之间，用食指和中指撑开新生儿的脐带，让脐带根部露出来。擦拭的顺序是：脐带表面及周围皮肤再到脐窝根部。一天 1~2 次。

2. 脐带脱落后

脐带脱落后，断裂的地方会出现一个创面，如果脐带表面没有红肿和渗液，改用碘伏消毒能有效减少新生儿脐带渗血。新生儿凝血机制差，而酒精有扩张血管、活血的作用，有可能加剧出血的可能。

3. 脐窝有渗液或脓液

脐窝渗液是产生脐茸的主要原因，可使用双氧水敛脓，然后按正常程序消毒，能有效保证脐窝的干爽。

4. 脐带渗血

脐带脱落后，由于新生儿凝血机制差，部分新生儿会出现脐带残端渗血的现象，通常做法是在消毒后，使用干的消毒棉棒压迫止血，若不见效，可以使用粉剂的云南白药用消毒棉棒蘸取，敷在创面以形成结痂，待正常愈合后脱落即可。

(四) 脐部常见问题

1. 脐炎

脐带脱落后，根部有些潮湿的，这是常见现象。但如果脐部有脓性分泌物、臭味或脐带表面发红，甚至发热时，说明可能已发生脐炎，应及时去医院处理。

2. 脐茸

脐带脱落以后，脐部若总是不干燥，仔细观察呈粉红色，有绿豆大小的新生物，犹如葡萄串，表面常有渗液，甚至有脓液，这就是脐肉芽胆，又叫脐茸。这是由脐断端长期不干燥受到细菌感染，有慢性炎症刺激的结果。一旦出现上述病症，则应尽快请医生诊治。

3. 脐疝

所谓“脐疝”是指在小孩哭闹或用力的时候，肚脐会凸出的病症。正常的胎儿在子宫内时，其肠道是膨出在脐带中的，在 10 周左右才会慢慢回缩腹内，腹壁也会逐渐密合。如果肚脐处的腹壁肌肉较薄弱，支撑力不足，当婴儿用力时会使腹内脏器鼓出，从而形成脐疝。

脐疝通常用肉眼即可诊断，用手指触摸腹壁，肠子会鼓成 2~3 厘米的大小，用手可将鼓出之内容物推回腹腔内。脐疝不具危险性，大部分的患者会在 1~2 岁自行痊愈，所以通常不必开刀。

4. 腹股沟疝

腹股沟疝气也是一种新生儿常见的疾病，跟脐疝气一样都是胚胎发育缺陷。腹股沟疝气在一般情况之下几乎是不会被发现。当孩子哭闹，咳嗽或用力的时候，则可看到腹股沟“澎”出。一旦发现腹股沟疝气，要马上告知客户去医院就诊。

七、衣物穿脱

(一) 穿衣服的方法

新生儿身体柔嫩，脖子软，四肢强硬且屈曲，不会配合成人穿衣。母婴护理师在给婴儿穿衣时应特别注意安全。给婴儿穿衣的方法如下：

(1) 将新生儿胸前开口的衣服打开，平放在床上。

(2) 让新生儿平躺在衣服上，一只手将新生儿的手送入衣袖，另一只手从袖口伸进衣袖，慢慢将新生儿的手拉出衣袖。同时另一只手将衣袖向上拉。之后，用同样的方法穿对侧衣袖。

(3) 把穿上的衣服拉平，系上系带或扣上纽扣。用同样方法穿外衣。

(4) 穿裤子比较容易，成人的手从裤管中伸入，拉住新生儿的小脚，将裤子向上提，即可将裤子穿上。气温适宜时，也可只穿一个纸尿裤。

(5) 穿连身衣时，先将连身衣纽扣解开，平放在床面上。先穿裤腿，再用穿上衣的方法将手穿入袖子中，然后扣上所有的纽扣即可。连身衣穿脱方便，穿着也舒服，保暖性能也很好。

(6) 给新生儿穿套头衫和衬衫的时候，如果领口小，要把套头衫的下摆提起，挽成环状，先套到新生儿的后脑勺上，然后再向前往下拉。在经过新生儿的前额和鼻子时，要用手把衣服伸平托起来。头部套进去以后，再把新生儿的胳膊伸进去。

（二）脱衣服的方法

大多数新生儿都不喜欢脱衣服，一是因为脱下衣服感觉冷，二是在脱衣服的时候，胳膊和腿很容易被挤压。因此，在脱衣服的时候，应该尽量减少脱衣给新生儿带来的不适感。

脱衣时，可以让新生儿仰卧在暖和的台面上，动作轻柔、迅速。给新生儿脱衣服时，应先用拇指把衣服撑开，把手伸进衣服内撑着衣服，方便新生儿的脖子穿过，并且要用手护住他的头，不能让衣服盖在婴儿的脸上，更不能让衣服遮了他的前额和鼻子。

（三）襁褓的包裹方法

襁褓就是用毯子把新生儿舒适地包裹起来的技巧，这会让他感到既暖和又安全，还能避免新生儿被自己的反射惊吓到，甚至有助于新生儿在出生后几天内保持暖和舒适，直到他体内的自动调节机能开始正常发挥作用。最重要的是，这种方式能帮助新生儿变得更平静（具体包裹步骤如图 7-3 所示）。

1

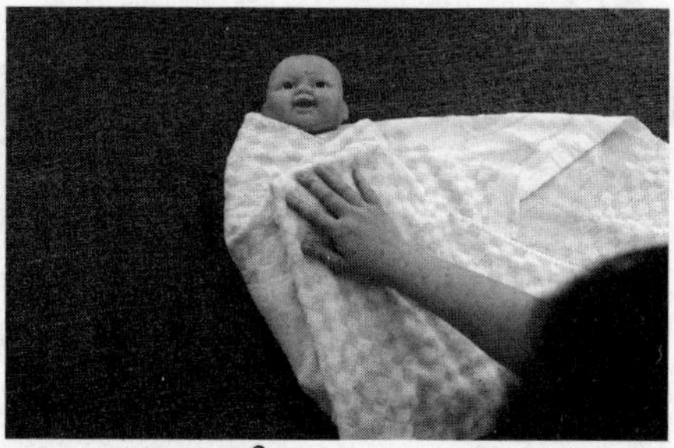

2

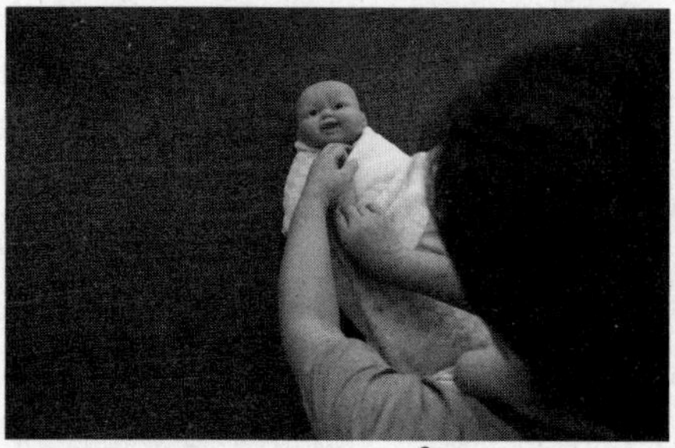

3

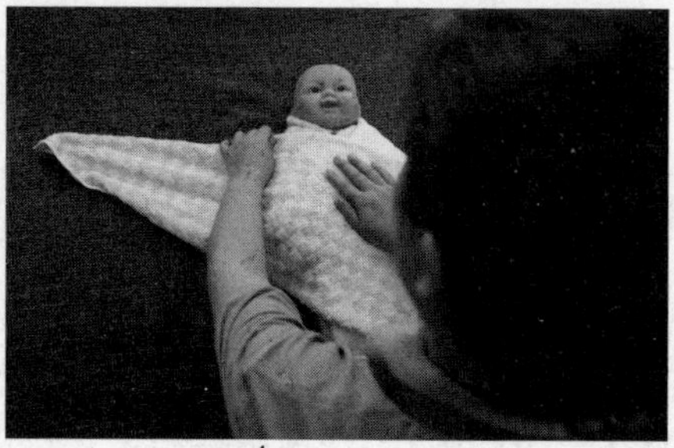

4

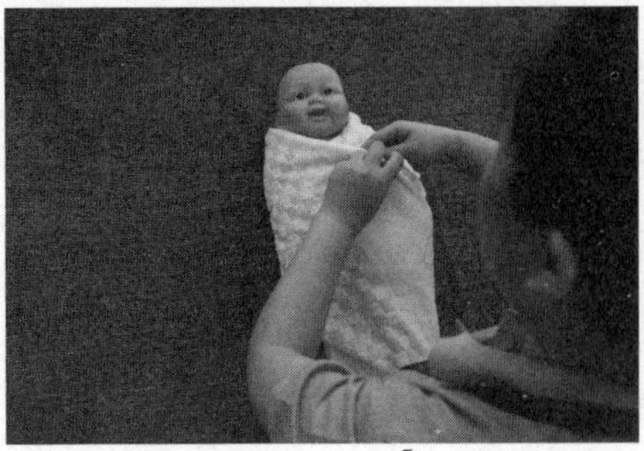
5

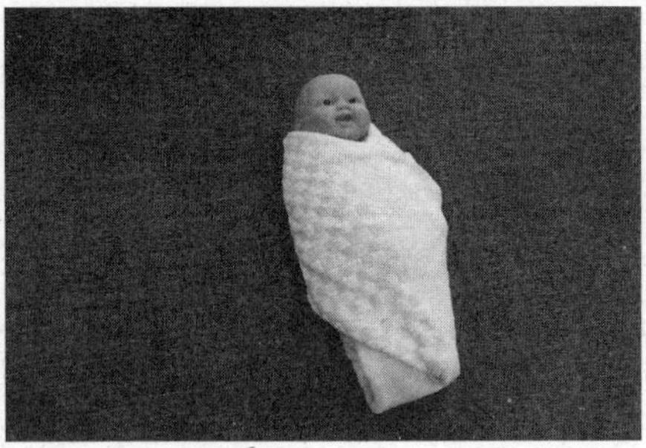
6

图 7-3　襁褓包裹方法

襁褓可以帮助婴儿在受到过度刺激时平静下来，也可以给新生儿增加安全感。当婴儿满月时，不再用襁褓，以免妨碍他的活动和发育。

第三节　新生儿的保健

一、洗澡

给新生儿洗澡的时间不宜过长，以 10 分钟左右为宜。洗澡时，应保持微笑并和新生儿说话，增加感情交流。洗澡时，应注意观察新生儿是否有异常情况发生。

（一）洗澡前的准备

（1）时间选择。

喂奶后 1 小时左右。

（2）室温调节。

室温宜保持在 24℃～26℃，冬天如果室温较低，应先打开空调或其他取暖设备使房间升温，待温度达到适宜温度后，再开始洗澡。

（3）物品准备。

澡盆一个、洗面和洗屁股的小盆各一个、浴液、隔尿垫一片、浴巾两条（一条备用）、洗澡用纱布巾 4 块（2 块头面部用、2 块身体用，可以以颜色或花色区分)、干净衣物、包单、包被、尿布或纸尿裤、干纸巾、湿纸巾（臀部专用)、酒精、消毒棉签等。

（4）水温。

新生儿洗澡的水温应为38℃~40℃，可用水温计测量或用手肘内侧测试水温（以感到不烫为适宜)。

(二) 洗澡的具体操作

（1）洗头。

先脱去衣服并用浴巾包好新生儿，注意要保留纸尿裤，避免中途尿便的污染。然后将新生儿的双腿夹在腋下，用手臂托其背部，手掌托住头颈后，拇指和中指分别堵住新生儿的两耳；另一手将新生儿的头发蘸湿，取适量浴液于掌心打泡，然后给新生儿洗发，轻揉片刻，将泡沫洗净（如图7-4所示)。

图7-4　洗　头

（2）洗身体。

洗完头后，撤去包裹浴巾，去除纸尿裤，如婴儿臀部有便便，要使用婴儿臀部专用盆洗净屁屁。然后用前臂垫于新生儿颈后部，拇指握住新生儿肩部，其余四指插在腋下，另一手托住臀部，先将新生儿双脚或双腿轻轻放入水中，再逐渐让水慢慢浸没臀部和腹部，呈半坐位（若浴盆内放置浴网，可直接将新生儿放在浴网上)。另一手撩水，先洗颈部和躯干，再洗四肢。洗完前身后反转新生儿，使其趴在前臂上，由上到下洗背部、肛门、腘窝皮肤皱褶处（如图 7-5 所示）。

（3）洗后注意事项。

洗完后，双手托住头颈部和臀部将新生儿抱出浴盆，放在干浴巾上，快速沾干其身上水分（且勿用力擦拭），以免着凉。

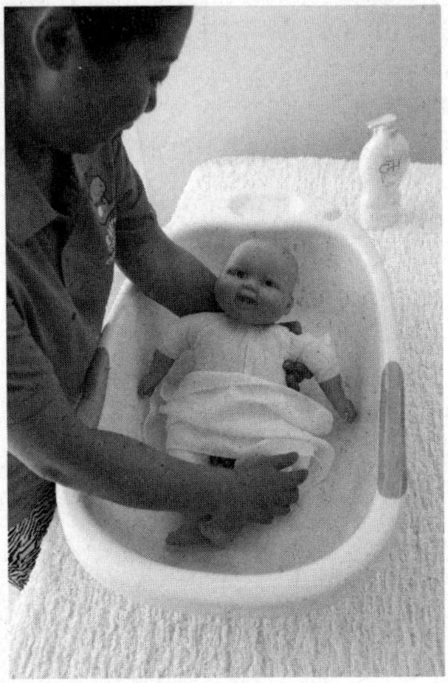

图 7-5　洗身体

二、抚触

抚触从一开始就是和医学探索联系在一起的。自从有了人类就有了抚触，在自然分娩的过程中，胎儿从一开始就接受了产妇产道收缩挤压这一特殊的抚触。皮肤是人体接受外界刺激的最大感觉器官，是神经系统的外在感受器。

（一）抚触的作用

（1）在婴儿脑发育的关键期给脑细胞和神经系统以适宜的刺激，促进婴儿神经系统和智力发育。

（2）促进婴儿的生长发育（体格、智力），减轻机体对刺激的应激反应，增强机体免疫力，对婴儿疾病时抚触能产生良好治疗作用。

（3）缓解结肠胀气，有益脑电波改变，减轻紧张、焦虑和疼痛。

（4）促进行为发育和协调能力，增强自我认知能力，促进安静睡眠。

（5）有效促进亲子关系。

（二）抚触前的准备

（1）准备好婴儿抚触油、洁净尿裤、大浴巾，选择一个柔软平坦的台子或床。

（2）清洗双手，摘除手表、戒指等饰物，涂抹润肤油，双手对掌摩擦均匀。

（3）确保在抚触过程新生儿表情愉悦，无哭闹、吐奶情况的发生。

（三）抚触的具体操作

先取适量的按摩油放于手掌心里，将手搓热。

1. 前额的抚触

将双手的大拇指放在新生儿双眉中心，其余的四指放在新生儿头的两侧，拇指从眉心向太阳穴的方向进行按摩（如图 7-6 所示）。

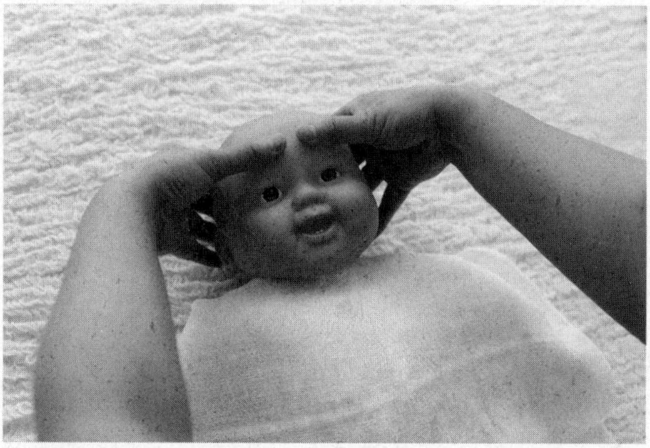

图 7-6　前额抚触

2. 下颌的抚触

双手的拇指放在新生儿下颌正中央，其余四指置于新生儿脸颊的双侧，双手拇指向外上方按摩至双耳下方（如图 7-7 所示）。

图 7-7　下颌抚触

3. 头部的抚触

左右手交替动作，用手的前指肚部位从头部前发迹滑向后脑直至耳后（如图 7-8 所示）。

图 7-8　头部抚触

4. 胸部的抚触

双手分别放在两侧肋缘下方，沿胸部滑向婴儿对侧肩膀，在胸部形成一个交叉，两侧交替进行。按摩时注意避开乳头（如图 7-9 所示）。

图 7-9　胸部抚触

5. 腹部的抚触

将右手放在新生儿腹部右下方，沿顺时针方向作圆弧形滑动，左手紧跟右手从右下腹部沿弧形按摩（如图 7-10 所示）。

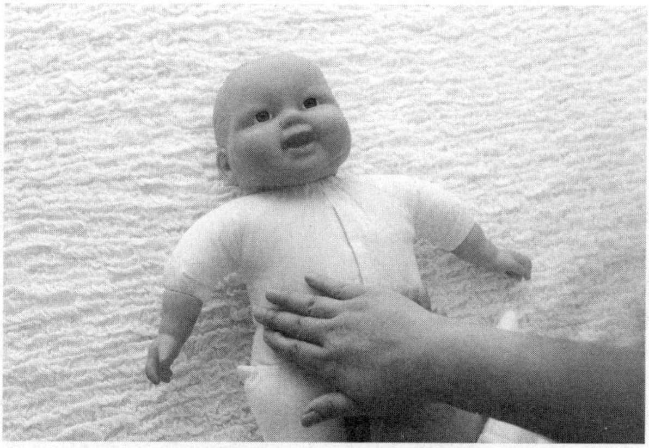

图 7-10　腹部抚触

6. 上肢的抚触

双手握住新生儿一只胳膊，沿上臂向手腕的方向边挤压边按摩，再滑到手掌、手指，做完一只手臂，换另一只手臂（如图 7-11 所示）。

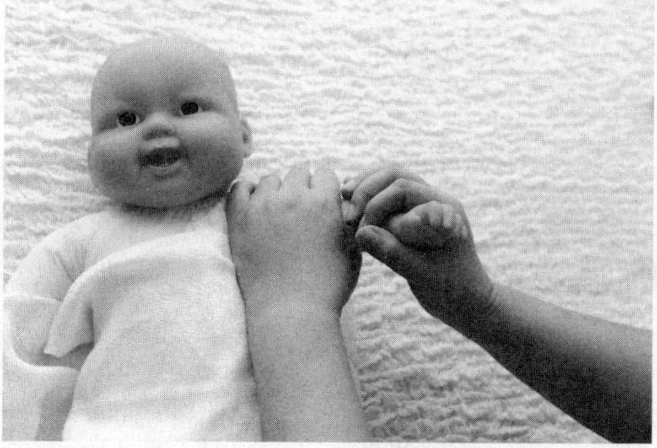

图 7-11　上肢抚触

7. 手部的抚触

用手指画小圈按摩婴儿的手腕。用拇指按摩婴儿的手掌，使他的小手张开。让婴儿抓住拇指，用其他四根手指按摩婴儿的手背。一只手托住婴儿的手，另一只手的拇指和食指轻轻捏住婴儿的手指，从小指开始依次转动、拉伸每个手指（如图 7-12 所示）。

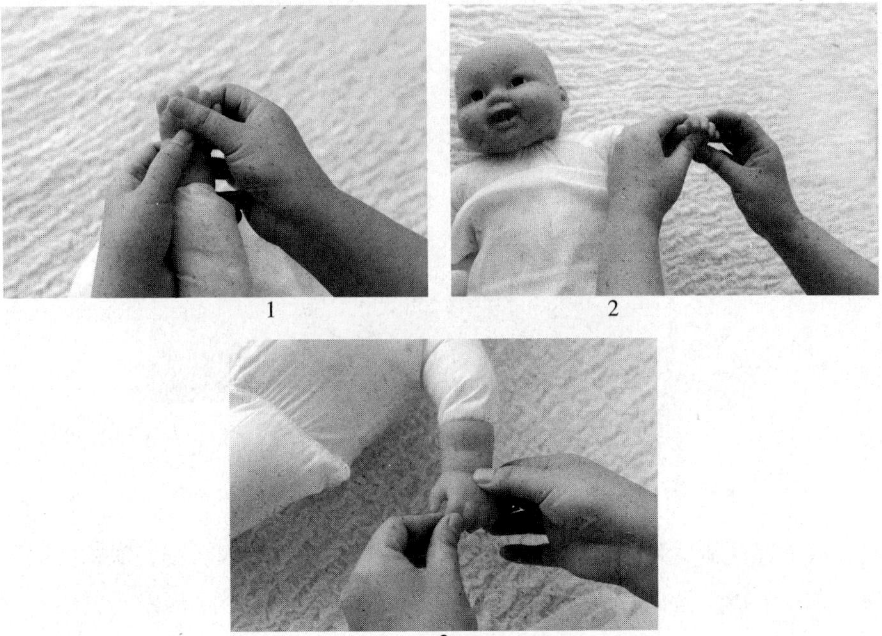

1　2　3

图 7-12　手部抚触

8. 下肢的抚触

护理人员应双手握住新生儿的一条腿，使腿抬起，沿大腿根部向下滑动到脚踝，边轻轻挤压边按摩。之后一只手托住婴儿的脚后跟，另一只手四指聚拢在婴儿的脚背，用大拇指指肚轻揉脚底，从脚尖抚摸到脚跟。做完一条腿后，换做另一条腿（如图 7-13 所示）。

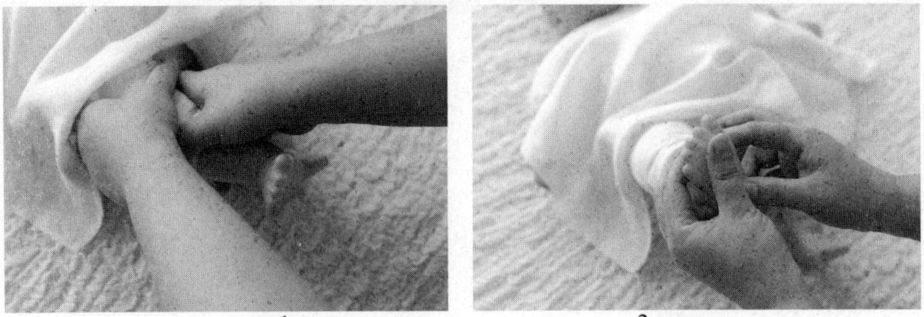

1　2

图 7-13　下肢抚触

9. 背部的抚触

双手平行放在新生儿背部，沿脊柱两侧，用双手向外侧滑触，从上至

下依次进行。(如图 7-14 所示)

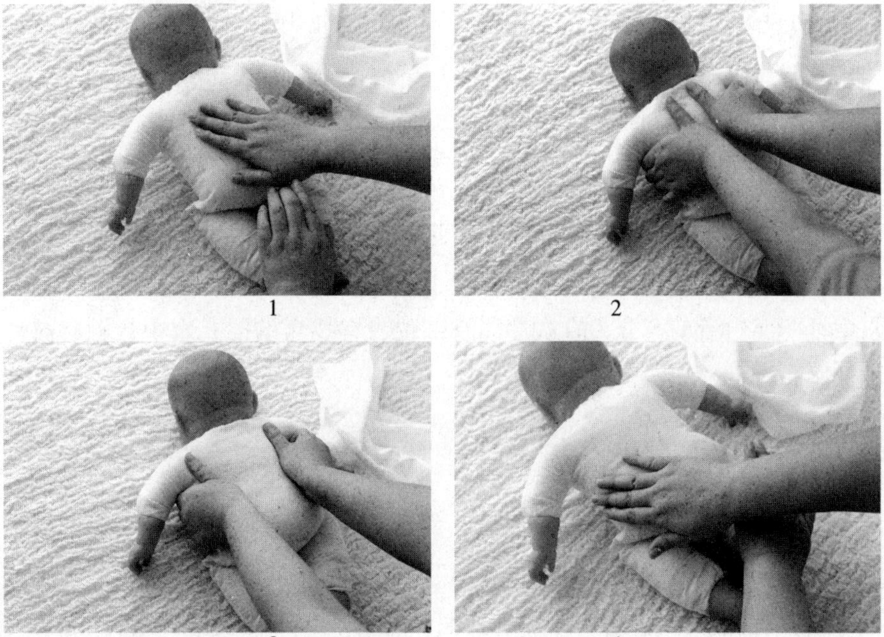

1　2　3　4

图 7-14　背部抚触

(四) 抚触后的工作

抚触时间不宜过长，以免婴儿着凉，因此，抚触结束后，应尽快为其穿好纸尿裤和衣服。

(五) 注意事项

(1) 抚触时间要适当。洗完澡后或睡前，饭后 1 小时是抚触的好时机，可避免吐奶。

(2) 室温以 28℃左右为宜，做抚触时室内不要有对流风。

(3) 抚触不是按摩，只是触摸肌肤，所以不要太用力（特别是抚触背部时，避免损伤脊柱)。

(4) 每个动作重复 3~6 遍，抚触全部动作应在 10 分钟之内完成，每天做 1~2 次即可。

(5) 一旦新生儿哭闹，不愿意继续，应立即停止抚触；如果新生儿患病，身体不适可暂停抚触。

（6）居室保持安静，光线自然，可与新生儿用语言交流或为新生儿播放优美的音乐。

三、游泳

“婴儿游泳”是1岁内的婴儿在专用安全保护措施下，由经过专门培训的人员操作和看护，在出生当天即可进行的一项特定的、阶段性的人类水中早期保健活动，分为有次序、有部位、有技巧的婴儿水中抚触、被动游泳操和自主游泳。

（一）游泳的作用

（1）刺激新生儿神经系统发育，促进婴儿视觉、听觉、触觉和平衡觉的综合信息传递，使其尽快适应“内”“外”环境的变化。

（2）促进婴儿胃肠道激素的分泌，增强其食欲和消化功能，促进婴儿生长发育。

（3）增强婴儿的循环和呼吸功能，调节血循环速度，增强心肌收缩力；通过水对胸廓的压力，促进婴儿胸部的良好发育，增加肺活量。

（4）婴儿在水中自主的全身运动，可增强其骨骼、肌肉的灵活性和柔韧性。

（5）水的轻柔爱抚，还能使婴儿感到身心舒适，有利于提高其睡眠质量。

（二）适合游泳的新生儿

（1）足月正常的剖宫产儿、顺产儿（0~1岁，出生6小时后即可开始）。

（2）32~36周分娩的早产儿、低体重儿（体重2000~2500克）无须特殊处置者。

（3）妊娠合并胎儿宫内发育迟缓者，以及新生儿疾病康复后期者。

（三）不适合游泳的新生儿

（1）婴儿游泳不适用于阿氏评分小于 8 分者。

（2）新生儿有并发症，需要特殊治疗者。

（3）小于 32 周的早产儿且体重小于 2000 克的新生儿。

（四）操作程序

（1）室温：28℃左右，水温 38℃左右（随月龄增大而水温相应调低）。

（2）时间：吃奶后 1 小时游泳，每天一次或每周至少三次，每次 10~20 分钟。

（3）注意事项：脐带未完全愈合的婴儿须贴防水脐贴。

（4）游泳调好水温，为婴儿套好泳圈，将其逐渐缓慢放入水中。

（5）游泳毕，擦干水迹，取下防水脐贴，脐部消毒，注意穿衣保暖。

（五）注意事项

（1）婴幼儿游泳全过程须专人监护。

（2）游泳前须进行安全检查，如水温、泳圈等，以免发生意外。

（3）游泳后可给予能量补充，如给予母乳、水、果汁、配方奶等。

（4）由于不同的人对于游泳对婴儿是否有好处意见不一，母婴护理师应尊重客户的意见。

（5）关于游泳使用的设备，最好建议客户购买品牌设备。

四、被动操

被动操适用于 1~3 个月的婴儿。通过一些被动和主动运动，不仅可以促进婴儿体格的生长发育，使其大脑、神经系统、肌肉等发育，还可以帮助和促进婴儿动作的发展。

被动操也可以是母婴之间交流的方式之一，帮助彼此之间建立良好的信任和亲密关系。做操过程中应注意婴儿不哭闹、不吐奶，表情欢愉。并应避免在婴儿过饥或过饱的状态下进行，最佳时间应选择喂奶后 1 小时左右进行。一旦婴儿哭闹，不愿意继续，应立即停止。

（一）做操前准备

（1）居室温度以 28℃左右为宜，室内不要有对流风。

（2）母婴护理师应注意剪短指甲并使之光滑，摘除手上饰物，以免划伤婴儿。

（3）洗净双手，保持双手温暖，脱掉婴儿多余衣服，只穿一贴身的内衣即可。

（二）做操的具体操作

1. 上肢运动（如图 7-15 所示）

（1）扩胸运动：握住婴儿的双手，令其双臂屈曲于胸前，双臂打开，平伸于身体两侧。

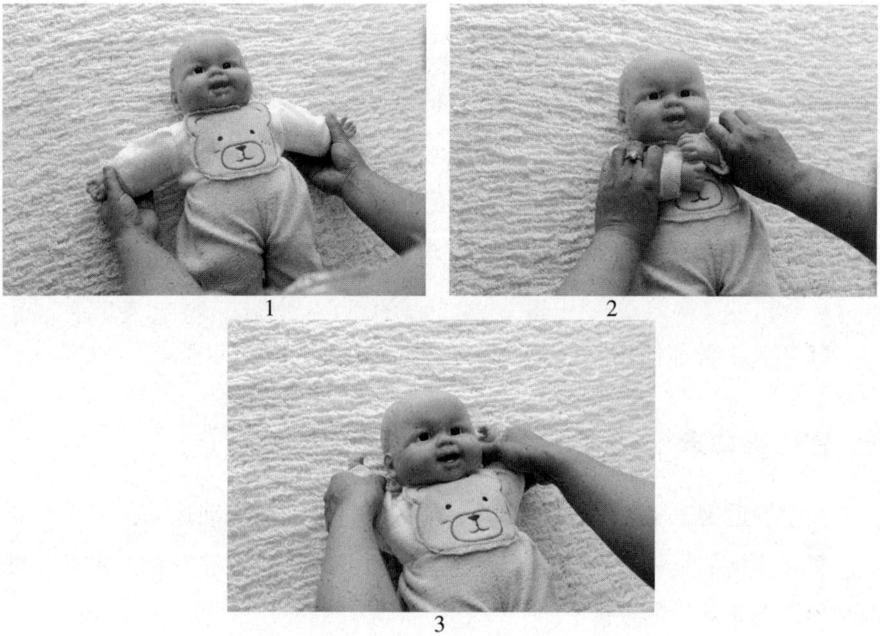

1　2

3

图 7-15　被动操上肢运动

（2）肘关节运动：握住婴儿的双手，把拇指放在婴儿手掌内，让其握拳，先向上弯曲左臂肘关节，还原；然后向上弯曲右臂肘关节，还原。左右交替轮换。

（3）肩关节运动：握住婴儿的双手，上举至头两侧，双臂慢慢放下至身体两侧。

2. 下肢运动（如图 7-16 所示）

（1）伸曲踝关节：新生儿仰卧，左手握住脚踝，右手握住脚掌，向下屈伸踝关节，向下还原；做完一只脚，再做另一只脚。

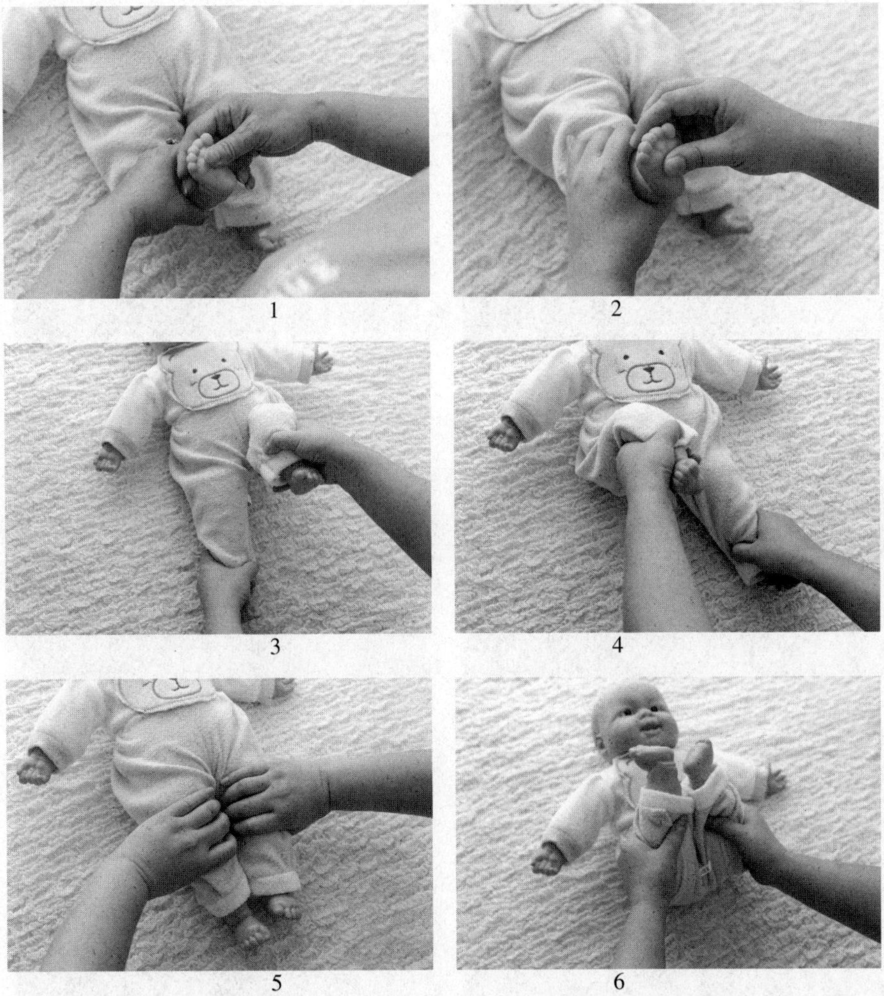

图 7-16　被动操下肢运动

（2）双腿轮流伸曲：双手握住新生儿小腿，做脚踏车运动，左腿曲缩至腹部，然后伸直；右腿同样动作，左右腿交替运动。

（3）胯关节运动：新生儿双腿伸直平放，双手掌心向下握住婴儿两膝关节，将两腿伸直上举 90 度，然后慢慢还原。

3. 翻身运动（如图 7-17 所示）

（1）摇小船：帮助婴儿从仰卧体翻转侧卧，左右方向交替进行。

（2）翻翻身：一手扶住新生儿腹部，另一手扶住新生儿肩背部，同时稍用力推肩，新生儿即可翻身呈俯卧状（锻炼颈部做抬头训练）30～60 秒，然后转身呈仰卧位。

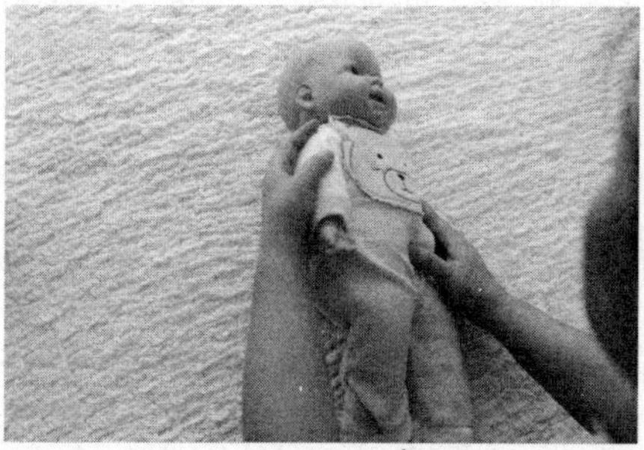
1

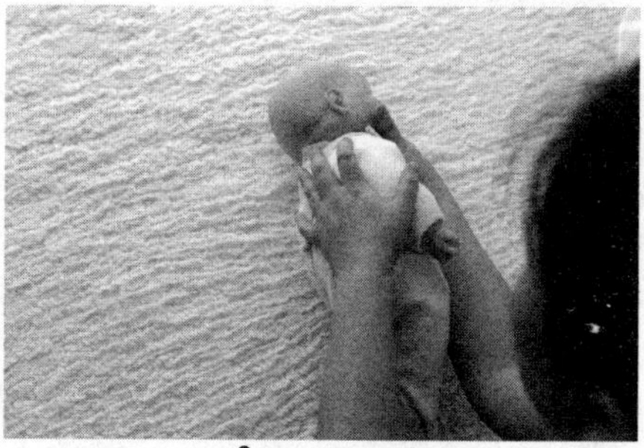
2

3

4

5

6

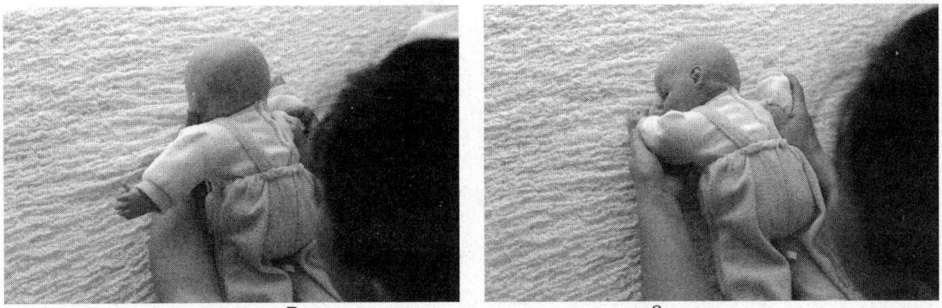

7　　8

图 7-17　被动操翻身运动

(三) 做操后的处理

指导产妇在温暖的环境中替新生儿换上干净尿布，穿上做操时脱下的衣服。

(四) 注意事项

(1) 做操时，居室要保持安静，光线要柔和，可以为新生儿播放一段优美的音乐。

(2) 做操时，手法一定要轻柔和缓，并始终微笑地注视着新生儿的眼睛，把爱传递给幼小的婴儿。

(3) 每个动作重复四遍，做操时间全过程不宜超过 15 分钟。每天做两次即可。

知识拓展

被动体操对婴儿来说，是很好的初级锻炼，最好能坚持做。很多时候婴儿哭闹只是因为躺累了，没有经验的母婴护理师就只会抱着婴儿安抚，其实，这时候给婴儿做被动操是一种很好的解决方式。同时，做被动操还能有效防止婴儿养成总是要人抱的习惯，尤其是炎热的夏天，总抱着孩子，大人孩子都会比较热。

当然，适当地抱抱婴儿对婴儿的情感发育也是非常重要的。要是能带婴儿出去，在自然环境中触发婴儿的主动锻炼，婴儿将会体验到更多的快乐。

本章练习

1. 简述如何根据婴儿的哭声来进行安抚。
2. 新生儿脐部护理的常见问题有哪些？
3. 婴儿被动操主要包括哪几项运动？

第八章　新生儿喂养

第一节　新生儿消化系统特点

消化系统包括从口腔到肠道的整个管腔以及肝脏和胰腺，承担着人对营养物质的消化、吸收和运转功能。新生儿生长发育快，新陈代谢旺盛，对营养物质的需求多，而消化功能却相对不成熟，容易发生消化紊乱和营养缺乏。

一、口腔特点

新生儿的口腔黏膜柔嫩，唾液腺发育不完善，唾液分泌量较少（一般要出生后 4 个月才达成人水平），血管丰富。因此，出生 3 个月内婴儿的口腔黏膜相对干燥，容易发生口腔炎与鹅口疮（白色念珠菌感染）。

二、胃肠特点

新生儿的胃呈横位，肌层发育差，贲门较松弛，而幽门括约肌相对较发达，加之胃容量小（初生时约为 30~35 毫升，2 周时约为 60~70 毫升，1 个月时约为 90~105 毫升），故易发生溢乳或呕吐。

新生儿肠道的蠕动较快，下部尤甚。出生时咽下的空气在 2 小时内就能到达回肠，3~4 小时到达直肠。其肠道相比成人要长，与身长之比约为 1 :6（成人为 1 :4），相应的，肠系膜也较长，这样有利于增加肠道消化和吸收食物的面积，以满足婴幼儿快速生长发育的需要。但是新生儿的肠壁肌层薄，易发蠕动功能紊乱而引起呕吐、腹胀，甚或发生肠扭转、肠套叠。

三、消化酶

足月儿除胰淀粉酶外，其余消化酶均已足够消化蛋白质和脂肪。早产儿由于各种消化酶不足，胆酸分泌较少，不能将脂肪乳化，故脂肪消化吸收能力差。所以新生儿只需喂养奶就足够了，过早地喂养奶糕、米粉等辅食，可能会引起消化不良。

新生儿胃解脂酶含量较低，但母乳含有解脂酶。胃酸的酸度较低，与酪蛋白宜在低酸度中消化相适应，故新生儿对乳类特别是人乳消化良好。新生儿肠黏膜上皮细胞所分泌的免疫球蛋白 A（IgA）低，所以易患细菌性或病毒性肠炎。

四、异常判断

1. 胎便

新生儿绝大多数在生后 12 小时内开始排出黏稠、黑色或墨绿色的胎便，这系胎儿肠黏液腺的分泌物、脱落的上皮细胞、胆汁、吞入的羊水或产道的血液等的混合物。生后 3~4 天转为黄色粪便。若生后 24 小时未排便，应检查有无消化道先天畸形。

2. 生理性腹泻

生理性腹泻多见于 6 个月以下的婴儿，其看起来虚胖，常伴有湿疹，出生后不久即腹泻，每天大便次数多，甚至达十几次，每次大便量不一定很多，其中含少量水分，一般没有特殊腥臭味。生理性腹泻的婴儿除大便次数增多外，多无其他症状，食欲好，无呕吐，生长发育不受影响，不需特别处理。添加辅食后，大便即逐渐转为正常。

第二节　喂养方式及注意事项

婴儿的常见喂养方式有母乳喂养、人工喂养和混合喂养三种。三种喂养方式各有利弊，但从产妇和婴儿的健康角度出发，世界卫生组织推荐母乳喂养。

一、母乳喂养

母乳喂养是指用产妇的乳汁喂养婴儿的方式。母乳喂养可以增强免疫力、提升智力、减少婴儿猝死症的发生、减少儿童期肥胖、减少罹患过敏性疾病的概率等。在过去的几十年中，有越来越多的证据证明母乳喂养对产妇和婴儿的健康都大有裨益。

世界卫生组织认为，母乳喂养可以降低儿童的死亡率，它对健康带来的益处可以延续到成人期。建议的做法是，出生后最初 6 个月的纯母乳喂养，接着以持续母乳喂养并添加适当的补充食品的方式进行喂养，直至 2 岁或更长。为了使产妇们能够实行和坚持在最初 6 个月的纯母乳喂养，世界卫生组织和联合国儿童基金会建议，在婴儿出生的一个小时内就开始母乳喂养。母乳喂养时应该注意以下问题：

1. 乳腺增生对母乳喂养的影响

乳腺增生患者的母乳对婴儿没有什么影响，但常因乳腺增生带来的一些症状，比如少奶、乳涨、乳腺炎给产妇带来很多困扰，常会导致母乳喂养的失败。

患有乳腺增生的产妇其实更要给婴儿喂奶，临床统计，产妇经哺乳后，乳腺增生会得到很大地改善，体内催乳素水平会有较大幅度地下降，从而会有效地降低乳腺癌的发生概率。因此，母乳喂养可使产妇的乳腺终生受益。乳腺增生在哺乳期常见的症状有：

（1）乳房疼痛。

常为胀痛或刺痛，可累及一侧或两侧乳房，以一侧偏重多见，疼痛严重者不可触碰，甚至影响日常生活及工作。疼痛以乳房肿块处为主，亦可向患侧腋窝、胸胁或肩背部放射；有些则表现为乳头疼痛或痒。

（2）乳房肿块。

哺乳期乳腺增生症状表现为出现异常肿块，肿块可发于单侧或双侧乳房内，单个或多个，好发于乳房外上象限，亦可见于其他象限。肿块形状有片块状、结节状、条索状、颗粒状等，其中以片块状为多见。

2. 禁止母乳的情况

产妇患有活动性肺结核、乙型肝炎、急性乳腺炎、急性传染病暂不要哺乳，待疾病治愈后再喂奶。产妇患有心脏病、慢性肾炎、慢性气管炎、糖尿病等疾病，一般可以给婴儿喂奶，如果体力不行再考虑停喂。产妇患感冒发热仍可哺乳，但产妇必须戴口罩，以免传染婴儿。由于产妇服用的许多药物可以渗透到乳汁中通过喂奶进入婴儿体内，影响婴儿的生长发育。因此，哺乳产妇一定要注意到药物是否会影响到婴儿。

3. 断奶时间的把握

断奶最好选择春秋季节。断奶前应采取逐渐减少喂奶次数，逐渐增加辅食的方法。不可突然断奶，否则婴儿容易发生厌食、腹泻。

知识拓展

母乳对婴儿的益处

母乳是婴儿成长最自然、最安全、最完整的天然食物，它含有婴儿成长所需的所有营养和抗体，特别是母乳含有50%的脂肪，除了供给婴儿身体热量之外，还满足婴儿脑部发育所需的脂肪（脑部60%的结构来自于脂肪）；丰富的钙和磷可以促进宝宝的生长发育；免疫球蛋白可以有效预防及保护婴儿免于感染及慢性病的发生；比非得因子和寡糖可以抑制肠道病菌增生和帮助消化。除此之外，哺喂母乳的亲密接触和亲子关系可刺激婴儿脑部及心智发育。

二、人工喂养

人工喂养是当产妇因各种原因不能喂哺婴儿时，选用牛、羊乳等兽乳，或其他代乳品喂养婴儿的方式。人工喂养需要适量而定，否则不利于婴儿发育。目前世界通用的方法是采用专业加工的婴儿配方奶粉来喂养婴儿。

（一）配方奶粉的分类

配方奶粉是为了满足婴儿的营养需要，在奶粉中加入各种营养成分，以达到接近母乳的效果。与普通奶粉相比，奶粉在配方中去除了部分酪蛋白，增加了乳清蛋白。

1. 有机奶粉

有机奶粉是指以3年以上不使用任何农药和化学肥料的土壤里生长的牧草作为奶牛的饲料，用这种奶牛产的奶和有机植物提取的植物油为原料所生产的奶粉。从理论上讲，有机奶粉相较于普通奶粉来说具有更天然、更营养、更安全的特点。

2. 特殊奶粉

一些特殊生理状况的婴儿，需要食用经过特别加工处理的婴儿配方奶粉。此类婴儿配方食品，需经医师、营养师指导后，才可食用，依其成分特性又可进一步分为：

（1）不含乳糖之婴儿配方奶。适用于对乳糖无法耐受的婴儿。可分为：以牛乳为基础之无乳糖婴儿配方奶，以黄豆为基础之无乳糖婴儿配方奶粉。

（2）部分水解奶粉。适用于较轻度的腹泻或过敏的婴儿。

（3）完全水解奶粉。适用于过敏或短肠症候群的婴儿。

（4）元素配方奶粉。适用于最严重的慢性腹泻、过敏或短肠症候群的婴儿。

（5）早产儿配方奶。主要成分已经修正为适合早产儿使用。

3. 奶粉分段标准

根据不同年龄小儿的生理特点和对营养素的要求，对蛋白质、脂肪、碳水化合物、维生素和矿物元素等进行全面地强化和调整，以满足不同发育阶段宝贝的需求。

（1）一段0–6个月（婴儿）。

（2）二段6–12个月（较大婴儿）。

（3）三段12–36个月（幼儿）。

（二）配方奶粉的冲调

1. 奶粉冲调第一步

奶瓶应提前消好毒，放在消毒锅里，随用随取（如图 8-1 所示）。

图 8-1　消好毒的奶瓶

2. 奶粉冲调第二步

奶瓶中放入煮沸冷却后的温水 38℃～40℃，或先放凉白开，再放热水，比例 2∶1（如图 8-2 所示）。

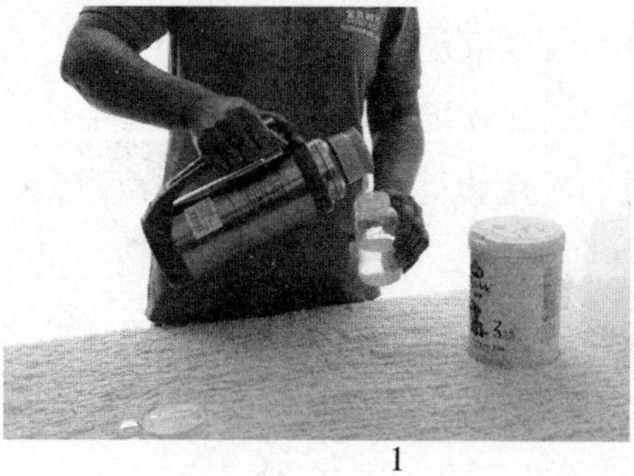

1

2

图 8-2　冲兑适温白开水

3. 奶粉冲调第三步

每款配方奶粉都会在包装上标注明确的冲调比例。有些家长误认为，按标示冲调比例冲的奶粉太稀，婴儿容易饿，就擅自将奶粉冲得很浓。这样的做法常会引起婴儿便秘、上火，严重时会导致幼儿脑部毛细血管破裂，甚至影响婴儿智力发育。因为奶粉中含有钠离子，需要加足量水稀释。如果奶粉浓度过高，婴儿饮用后会使血管壁压力增加，进而导致毛细血管破裂出血。

将正确计量好的奶粉放入奶瓶中，通常是采用先放水后加奶粉的方法冲调奶粉。有些从国外直接购入的进口奶粉，冲调方法和比例，甚至水温都会有不同，所以，应按照奶粉的说明步骤冲调。进口奶粉的冲调方式通常采用图示和阿拉伯数字标注的方式，如果看不懂外文，一定要虚心向客户请教，避免造成不必要的后果和纠纷（如图 8-3 所示）。

1　　2

图 8-3　按照说明计量放入奶粉

4. 奶粉冲调第四步

切勿上下左右前后各个方向摇晃，否则容易使奶瓶中产生气泡，婴儿喝下去空气容易打嗝。正确摇晃奶瓶的方法应是手握奶瓶中上部，沿同一方向摇晃瓶底，使奶液在水平面上旋转，速度不宜太快，以不产生气泡为宜。若产生气泡，应静置至气泡消失再给婴儿饮用（如图 8-4 所示）。

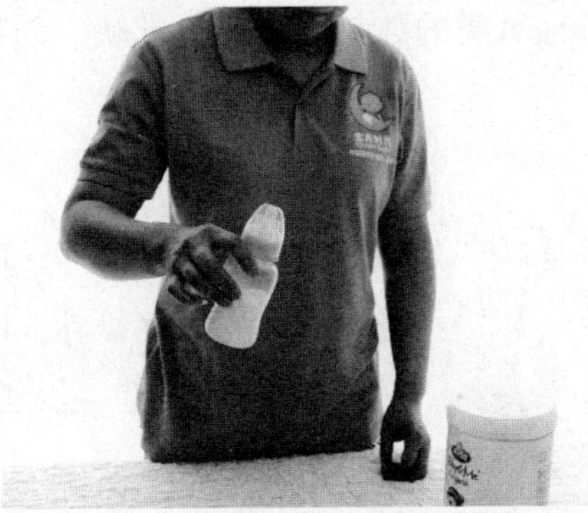

图 8-4　正确摇晃奶瓶

知识拓展

人工喂养的优缺点

人工喂养婴儿的好处是工作可以由其他人来分担，不像母乳喂养只能是产妇一个人来做。其他人的参与，可以在一定程度上减轻产妇的劳累，让婴儿和更多的家人亲密接触。同时，人工喂养也便于掌握喂奶的量，婴儿吃了多少毫升的奶是显而易见的。

当然，人工喂养会存在由于消毒不严格引起婴儿腹泻、胃部不适，需要购买很多器具以及奶粉等不足之处，没有母乳喂养卫生、经济。并且，人工喂养对一系列的调配制奶、消毒等技术也有要求，没有母乳喂养便利。近年来频频出现的奶粉质量问题，也带给采用人工喂养方式的产妇很多困扰。

三、混合喂养

混合喂养是在确定母乳不足的情况下或者上班产妇没有条件背奶时，以其他乳类或代乳品来补充喂养婴儿的方式。混合喂养虽然不如母乳喂养好，但在一定程度上能保证产妇的乳房按时受到婴儿吸吮的刺激，从而维持乳汁的正常分泌，婴儿每天能吃到 2～3 次母乳，对健康仍然有很多好处。

（一）喂养方法

混合喂养每次补充其他乳类的数量应根据母乳缺少的程度来定，喂养方法有两种：

1. 补授法

方法是先母乳，接着补喂一定数量的牛奶或有机奶粉，这叫补授法。适用于 6 个月以前的婴儿。其特点是，婴儿先吸吮母乳，使产妇乳房按时受到刺激，保持乳汁的分泌。

2. 代授法

以一次或多次配方奶代替母乳喂养的方法。这种方法多数为产假过后，工作性质和环境不方便背奶的产妇采用。

（二）奶瓶及品牌介绍

1. 奶瓶的防胀气设计

用奶瓶给婴儿喂食的时候，婴儿时不时地会出现打嗝和吐奶的症状。其实这是因为婴儿吸奶时，奶瓶不进气，瓶内产生负压，从而导致婴儿吸不出奶，从奶嘴处吞咽大量空气造成的。而防胀气奶瓶很好地解决了这个问题。

防胀气奶瓶又叫防吐奶奶瓶，不同品牌的奶瓶采用不同的进气方式，可以让空气在婴儿吃奶的同时进入奶瓶，使奶瓶内部空气压力和外部压力保持一致，保证奶液的顺畅流出，避免婴儿在用奶瓶喝奶时吸入空气，从而有效地减少婴儿胀气、打嗝和吐奶的症状。常见的防胀气类型有如下几种：

（1）底部透气型。

底部透气型的防胀气奶瓶，通过置于此处的透气阀进气和排气，以减少婴儿吸入空气，且奶瓶底部可打开，更易清洗。

（2）导管透气型。

导管透气型防胀气奶瓶是通过一条专门设置的导气管，将瓶外的空气导入瓶内直达瓶底，将气和奶分开，以达到防胀气功能。内置导管技术能将空气快速直接地导向奶瓶顶部空间，避免了空气和奶液的接触。其缺点是导管不易清洗。

（3）奶嘴透气型。

奶嘴防胀气的原理是在奶嘴内段套口的口缘侧边，设有进气孔，通过这个气孔将空气吸入奶瓶中填补瓶内的空隙，减小瓶内压力，以达到消除胀气的目的。

（4）防胀气系统透气型。

防胀气系统的原理是在奶嘴盖的下方添加一个防胀气装置，当婴儿喝奶时，空气经由防胀气装置侧面的两个小孔，通过回气阀门迅速进入奶瓶，同时还有一条专门设置的导气管将瓶外的空气导入瓶内，使得奶瓶内外压力一致。

2. 常见奶瓶品牌

（1）贝亲（logo 如图 8-5 所示）。

图 8-5　贝亲 logo

贝亲是来自日本的母婴用品品牌，1957 年创立以来，贝亲产品涵盖了母乳喂养、奶瓶奶嘴、婴儿肌肤护理、衣物清洗、水杯餐具等抚育婴儿的许多方面。自 2002 年正式进入中国市场。这一品牌新生儿的小圆孔奶嘴最接近母乳吸吮的力度和流量，满足婴儿吸吮需求的同时，还能更好地预防溢奶所造成的呛奶。

（2）NUK（logo 如图 8-6 所示）。

图 8-6　NUKlogo

NUK 是德国 MAPA 公司生产的高质量婴儿用品的著名商标，在世界婴儿用品市场上享有很高的声誉。MAPA 公司的前身是创立于 1947 年德国不来梅市，目前已在全世界 70 多个国家和地区销售。

（3）布朗博士（logo 如图 8-7 所示）。

图 8-7　布朗博士 logo

布朗博士是 1996 年，由美国医学博士科蕾吉 · 布朗设计出的第一个功能性奶瓶，1997 年获得国际专利。它是第一个具有导气系统的奶瓶，它仿效母乳喂养的原理，彻底解决传统奶瓶所不能克服的“真空、气泡、负压”等问题。2000 年荣获美国医学设计金奖，这种独特的设计给产妇唯一取代传统奶瓶的选择，从布朗博士开始这种“正压、自然流畅”的喂养方式，实际上与母乳喂养的体验相似。

（4）新安怡（logo 如图 8-8 所示）。

图 8-8　新安怡 logo

新安怡（AVENT），来自英国的著名品牌，于 1984 年在英国诞生，经过 20 年的不断创新，已拥有 60% 的英国本土市场份额，产品出口超过 60 个国家，现已成为全世界最著名的母婴护理品牌。2006 年被飞利浦收购，并入飞利浦家庭小电器部。

（5）爱得利（logo 如图 8-9 所示）。

图 8-9　爱得利 logo

始于 1975 年台湾，中国驰名商标，福建省厦门帝尔特企业有限公司。“爱得利”是婴儿产品品牌，在全国同行业中享有较高的知名度，主营奶瓶、奶嘴、澡盆等婴儿产品。

3. 奶嘴的选择和使用

奶嘴的型号有很多种，流速从慢到快也各有不同。奶孔的形式有小圆孔、Y 孔、十字孔等，早产儿和新生儿一般需要用最小号的，因为流速最慢。随着婴儿的成长，吞咽能力越来越强，食量越来越大，可以渐渐转改用型号较大、流速较快的奶嘴。

通常在奶嘴上都会标有型号以及推荐使用的年龄，选择奶嘴时一定要确保婴儿不太费力，防止被噎住、导致吐奶等问题。

知识拓展

母乳或配方奶应该能连续从奶嘴里滴出，而不是像水流那样流出。如果流速对婴儿来说太快，或者如果奶嘴已经用了一段时间，奶嘴孔因有裂缝而变大，都可能会出现这种情况，应及时更换。

(三) 奶瓶的清洗和消毒

奶瓶关系到婴儿的“入口”安全，每次使用后必须严格消毒。

(1) 奶瓶的清洗。

婴儿喝完奶后，要立即用清水先冲洗一遍，并将奶瓶所有组件包括奶瓶、瓶盖、奶嘴、套环全都拆开，逐一使用专门的毛刷将奶瓶内部、瓶口刷干净，再用小毛刷仔细刷洗奶瓶奶嘴。确保奶嘴螺纹、透气孔都被仔细刷过，没有奶垢堆积。

清洗奶瓶时要选用奶瓶专用清洁剂，清洁剂可尽量选择天然性、植物性，而且容易冲洗干净者为优先。值得注意的是，母乳或配方乳中之乳脂肪容易残留在食具上，可选用婴儿专用植物性清洁剂，清洗后一定要确认奶瓶彻底清洁。

(2) 奶瓶的消毒。

清洁完奶瓶，应该再进行消毒，以保证卫生、安全。一般来说，奶瓶消毒的方式主要有以下几种：

①煮沸消毒法：把奶嘴和盖子去掉，如果是塑料奶瓶，水没过奶瓶，盖紧锅盖煮五分钟即可，长时间反复煮不仅奶瓶会变形而且也可能会释放有害物质。玻璃奶瓶应该与冷水一起煮沸，水应该覆盖住奶瓶，等水烧开五分钟后，再放入奶嘴和盖子等盖上锅盖煮五分钟即可。

②蒸气锅消毒法：将奶瓶洗干净后，去掉奶嘴和盖子，放在蒸气消毒锅里，根据消毒锅说明书上的时间操作。

③微波消毒法：将清洗后的奶瓶盛上清水放入微波炉，打开高火 10 分

钟即可。切不可将奶嘴及连接盖放入微波炉，以免变形、损坏。

蒸汽式消毒完成后自动断电，较安全，而微波式消毒在完成后会发出响声提醒父母。究竟哪种更适合由客户决定，作为母婴护理师（月嫂）应该掌握所有方法。

(四) 溢奶护理、呛奶处理措施

1. 喂奶后护理

喂奶后，母婴护理师应及时为婴儿拍嗝，避免溢奶。哺乳完以后应该把新生儿轻轻竖着抱起来，让新生儿头部靠在护理师的肩部，同侧的手托着新生儿的臀部，另一只手呈空心状从腰部由下向上轻叩新生儿背部，使新生儿将吃奶时吞入胃内的气体排出，一般拍 5~10 分钟。

若无气体排出，可给新生儿换个姿势，但动作一定要轻，继续拍 5~10 分钟（具体情况因人而异），拍完后将新生儿放到床上，应以右侧卧位为宜。

2. 溢奶时处理

护理师应及时清理口腔及鼻腔中溢出的奶。如新生儿为仰睡，溢奶时可先将其侧过身，让溢出的奶流出来，以免呛入气管；如新生儿嘴角或鼻腔有奶流出时，应首先用干净的毛巾把溢出的奶擦拭干净，然后把新生儿轻轻抱起，按上述拍嗝时的体位（竖抱）拍其背部一会儿，待新生儿安静下来（睡熟）再放下。

3. 溢奶后处理

每次喂奶前，护理师应提前准备好干净的小毛巾、衣服、清水、脸盆。将擦拭过奶的毛巾及被溢出的奶弄湿的新生儿衣服、小被褥等清洗以后，晾干备用。

（1）每次喂完奶后均应拍嗝，时间长短因人而异。

（2）新生儿每次吃完奶后应以右侧卧位为宜。

（3）溢奶后一定要及时清理干净口、鼻中溢出的奶，以防吸入气管。

知识拓展

新生儿为什么容易溢奶、呛奶

（1）新生儿因其胃呈水平位，贲门括约肌发育不完善，所以容易发生溢奶，并且难以完全避免，因此一定要注意护理，避免呛奶的发生。

（2）因每个新生儿体质不尽相同，故每次拍嗝不一定以拍出嗝为主要目的，有的新生儿拍完后虽不打嗝，但不一定会溢奶，有的新生儿即使打了嗝也还会溢奶，所以一定要让新生儿吃完奶后右侧卧位，一是因为这个睡姿有利于消化系统的发育，另一方面即使发生溢奶，奶液也可顺着嘴角流下来，不至于呛入气管。

（3）喂奶前尽量避免新生儿大哭，大哭易使空气进入胃内，更容易引起溢奶，故应先让新生儿安静下来再吃奶。

（4）人工喂养或混合喂养的新生儿因需用奶瓶吃奶，进气更多，比纯母乳喂养的新生儿更易呛奶，因此应在喂完奶后多拍一会儿，尽量使吸入胃内的气体排出。

4. 呛奶后的处理

（1）新生儿溢奶的情况几乎避免不了，拍嗝只能减少这种情况的发生，但不能完全避免，所以出现这种情况时不要焦急。而呛奶则要尽量避免，可采取右侧卧位，如果怕睡偏了头，可以在右侧卧一段时间之后轻轻翻动婴儿，再左侧卧一会儿。

（2）有的新生儿会有鼻咽软骨发育不全的情况，极容易呛奶，这种新生儿需要特别的看护，有的甚至需要家人替换着24小时监护，防止呛奶的发生，这种婴儿一旦呛奶就会很严重，憋得脸部发红甚至发紫，要及时采取头低脚高位拍后背将呛入的奶液拍出，严重的时候要送去医院处理。

本章练习

1. 简述母乳喂养成功的关键措施。
2. 怎样冲调奶粉？
3. 简述常见的奶瓶消毒方法。